# DE L'ORDRE

## JUDICIAIRE.



La justice est ainsi que la santé un bien dont
on jouit sans le sentir, qui n'inspire point
d'enthousiasme, et dont on ne sent le prix
qu'après l'avoir perdu.

*ROUSSEAU.*

A

Justice.

Il faudrait au moins
un acte de Gouvernement
qui met le pauvre
à même de se défendre

# A MES ANCIENS COLLÈGUES.

Peu importe le tems où l'on publie des vérités, lorsqu'on a éprouvé que présentées à propos, elles ne produisoient aucun effet.

Je disois, tous les jours, à ces grands orateurs que, dans l'assemblée Législative et
dans la Convention, on appelloit la Gironde :
« Mes chers Collègues, la Tribune perd la
» France ; vous y brillez ; vous y défendez
» avec la seule force du raisonnement la li-
» berté de votre pays; la majorité de la na-
» tion tient à vos principes ; vous irez à l'é-
» chafaud, et vous ne sauverez pas la patrie.»
Je demande aux restes de ces célèbres coupables, dont j'ai partagé la proscription, et
dont quelques-uns occupent maintenant les
places éminentes, combien de fois je leur ai
communiqué mes sinistres pressentimens, et
si tous les événemens n'ont pas justifié ma répugnance pour les Tribunes, les harangues,
les discussions et les délibérations publiques.

À présent plus tranquiles, rappellés aux
fonctions dues à leur mérite, à leurs sacrifi-

*ces, ils me font deux questions : ils me de-
mandent comment je continue toujours à parler avec la même franchise; c'est-à-dire qu'ils
paroissent maintenant plus effarouchés de la
vérité, qu'ils n'étoient intimidés du fer de
leurs assassins, lorsqu'ils n'étoient eux-mêmes armés que de la vérité.*

*Vous rapellez-vous, mes chers Collégues,
que, lorsque vous perdiez un tems qui coûtoit si cher à la nation, à fabriquer, dans
votre Tribune, une loi sur la liberté de la
presse, je vous disois : « Vous cherchez la
» pierre philosophale : la liberté de la presse
» est la faculté de faire l'éloge de celui qui
» est dépositaire de l'autorité? » Vous avez
bien vu des individus, recommandables par
leurs lumieres et leurs vertus, proscrits pour
avoir considéré leurs Gouvernans comme
des hommes; en avez-vous jamais vu punir
un seul pour les avoir comparé à des Dieux?
Et moi-même leur compagnon de proscription,
le votre, si je n'ai pas été si sévèrement châtié, c'est que les dépositaires de la puissance
n'ont jamais vu en moi ni ambition à redouter, ni trésors à piller.*

Lorsque j'ai écrit, lorsque j'ai parlé, je n'ai jamais examiné si vous aviez enfin trouvé cette loi sur la liberté d'écrire ; et si je comparoissois devant la puissance offensée de ma témérité, je dirois : je défie le plus sédi-
« tieux des anarchistes de s'autoriser d'une
« seule de mes maximes, d'une seule de mes
« expressions, pour résister aux actes de votre
« volonté. Je n'ai jamais recommandé que la
« soumission ; j'ai donné l'exemple de l'obéis-
« sance à la loi inviolable du plus fort.

La seconde question à laquelle j'ai à répondre est celle-ci : « Voilà un long détail
» des vices de l'Administration ; voilà le ri-
» dicule de l'Institution : où est le remède ?
» où sont les moyens. . . . . . ? »

Mais indiquer le remède , les moyens, ne seroit-ce pas annoncer la prétention que je réprouve ? lorsque mon but sur-tout a toujours été de persuader que ce n'est point le système d'un seul, ni même l'opinion d'une foible minorité qui doit faire la régle des Gouvernans et le texte de la loi.

A 3

Au surplus indiquer la source du mal, n'est-ce pas le plus souvent indiquer le remède? En démontrant que la Tribune a été l'agent le plus actif de la dissolution de l'Etat, n'est-ce pas dire : « gouvernez sans Tribunes, ou renoncez à toute espéce de Gouvernement? » Je me suis encore plus clairement expliqué. J'ai écrit : » La Tribune est » le trône du mensonge; cet instrument révo- » lutionnaire doit éprouver, sous les mains » des Républicains, le sort dont il a menacé » tous les trônes de l'univers. » Et depuis que j'ai mis ces vérités sous les yeux de mes concitoyens, jusqu'au moment où ce trône mal défendu par ses partisans et leurs supots, a été renversé à son tour, combien sur ses gradins a-t-il été debité de folies, de mensonges imprimés, publiés avec pompe pour le salut de la patrie, mais qui aujourd'hui exciteroient la pitié ou l'indignation, et feroient déclarer ennemis de la patrie les extravagans auteurs de ces institutions ridicules, de ces lois épouvantables, de ces mesures atroces?

Lorsque j'ai écrit : « Avec une constitu-
» tion qui autorise une vingtaine d'individus
» à s'emparer d'une assemblée primaire ou
» d'une assemblée électorale, et à nommer
» leur Baccanale assemblée du Peuple , la
» France n'a encore qu'un Gouvernement
» révolutionnaire ; » n'étoit-ce pas dire que
les Législateurs, au lieu de faire vingt mille
lois, vingt mille discours, vingt mille considérants, auroient dû et devroient encore ne
s'occuper que d'une seule loi dont le résultat
seroit d'obtenir réellement le vœu du Peuple, c'est-à-dire, le suffrage de la majorité,
et non pas de la majorité d'une foible minorité ? N'ai-je pas encore écrit plus clairement, en disant que je desirerois ; ( devois-je
dire je veux ? ) que pas un individu ne fut revêtu d'une fonction ou d'une mission qu'à la
majorité absolue des suffrages de tous ceux
qui doivent le donner ? N'ai-je pas écrit que
c'étoit du calcul de toutes les voix que se
tiroit la volonté générale ?

N'ai-je pas assez expliqué que la constitution la plus démocratique qu'on pût don-

A 4

ner à la France devoit consister dans cet article, et comme le traité de Brunnen, n'être
jamais écrit et jamais violé.

La seule objection à faire est la difficulté
de réunir dans une assemblée assez de votans
pour obtenir la majorité de tous ceux qui y
doivent leurs voix. Que le Peuple se divise
en sections moins nombreuses, que les novateurs les nomment comme ils voudront, mais
que la crainte et les motions en soyent ban-
nies, comme je l'ai écrit, il n'y aura plus
d'absens.

Quoi ! ce n'est pas là avoir un but dans ses
opinions, dans sa censure, si l'on veut ? Ce
n'est pas indiquer, autant que la modestie
le permet, les moyens et les remédes ?

C'étoit sous les éclats de la foudre du 18
fructidor que j'écrivois : « alors non seule-
» ment le Peuple français peut recevoir une
» quatriême constitution, mais il peut dire
» qu'il n'en a pas encore reçu. » Mais aussi
je terminois le compte que je devois à mes
concitoyens en disant : « payons, marchons

» et taisons-nous ; » et c'étoit en trois mots recommander l'obéissance et la soumission à tous les actes du Gouvernement ; car tous les Gouvernemens, soit que la constitution soit écrite, soit que la monarchie soit absolue, soit que le Peuple souverain se gouverne avec des livres, ou qu'il soit gouverné avec des échafauds, se réduisent toujours à ces trois seuls points ; et le membre du Souverain, ou le sujet du Despote, n'a jamais qu'à payer, marcher et se taire.

Il est vrai que réduire une constitution à un article, et la théorie et l'action de tous les Gouvernemens à trois mots, ce ne sont pas des idées politiques assez imposantes pour fixer l'attention des Philosophes législateurs de la France. Il en est des politiques comme des médecins : il faut des livres , un jargon extraordinaire, des remèdes pompeux, pour donner de la célébrité. Mais il en est des gouvernés comme des malades; la célébrité des médecins ne se compose que des souffrances des individus.

Le malade en politique, comme le malade en médecine ne veut point être guéri ; il veut être ressuscité : d'accord avec les docteurs qui lui promettent ce miracle, il ne considere pas comme une merveilleuse ordonnance l'avis simple mais salutaire d'interrompre l'usage immodéré des remédes, et de ne penser qu'à prolonger, par un régime simple , une existence irrégénérable. Ainsi je parle de l'ordre judiciaire comme je parlois des constitutions, lorsqu'elles avoient pour garant le serment de 30 millions de Français ; car mes moyens seront pour les régénérateurs , toujours imperceptibles, au milieu de leurs vingt mille lois régénératrices ; mais je pourai dire, en me conformant scrupuleusement à ces pompeuses ordonnances , que la célébrité des législateurs modernes ne s'est composée que des souffrances des Peuples.

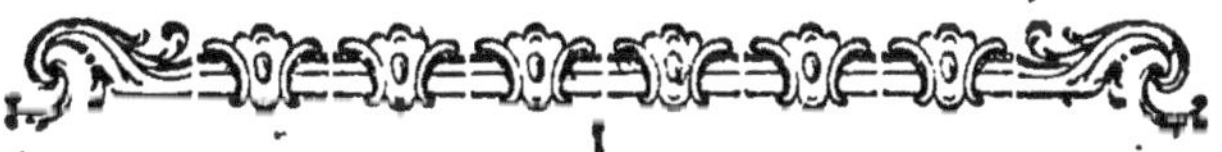

# DE L'ORDRE

# JUDICIAIRE.

La loi qui avoit d'abord été établie pour réprimer la violence, n'est presque plus occupée qu'à désarmer la subtilité.

*D'Aguesseau.*

Et la prudence humaine n'est jamais aussi prompte à imaginer de nouvelles précautions, que la friponnerie à les éluder.

*Rousseau.*

La loi est comme la foudre : la préparation en est admirable. Le foible veut qu'elle ne parte des mains de ses Dieux que pour pu-

nir, épouvanter et contenir le coupable ou
le mal intentionné , mais contrariée dans sa
direction , par une foule de causes secon-
daires, elle frappe tout indifféremment ; et
les traces qu'elle laisse de la puissance des
êtres qui l'ont préparée , ne sont que des
désastres.

Une expérience terrible a convaincu les
Français et sur-tout les novateurs que le Philosophe dont ils n'ont cessé d'invoquer la
doctrine; que le Patron des révolutionnaires
qu'ils plaçoient au Panthéon , en proscrivant
tous ceux qui invoquoient ses maximes, avoit
raison de dire avant la révolution que, mettre la loi au-dessus de l'homme étoit , un
problême en politique, comme la quadrature
du cercle en géométrie; ils doivent reconnoître que les philosophes ont aussi eu raison de
dire, depuis deux mille ans , que les lois sont
des toiles d'araignées qui n'arrêtent que les
insectes: tous les philosophistes sont à même
de réfléchir sur la différence qu'il y a entre la
théorie des lois et leur exécution , entre la
formation de la loi et son application.

La loi est égale pour tous. Voilà une belle moralité en théorie : elle a été imaginée par les sectateurs du systême de l'Egalité : elle a été mise en pratique par les protecteurs du pauvre et du foible ; mais son application ne consacre-t-elle pas la plus révoltante inégalité; la plus criante injustice envers le foible et le pauvre ?

La loi fait payer pour le même délit la même somme au millionnaire qui vit dans le célibat, et au journalier qui gagne à peine le pain nécessaire pour la nourriture de ses dix enfans.

Les faiseurs de lois ont voulu que les Juges prononçassent comme des automates : ils ont cru organiser l'ordre judiciaire comme un carrillon, qui une fois mis en mouvement, rend toujours le même son , dans le deuil général d'un desastre, ou dans l'allégresse publique d'un succès.

Il n'a malheureusement pu y avoir dans la révolution de Législateurs qui fussent dans une autre classe que ces brouillons de cabinet, qui ne voyent que la théorie et rien de

l'exécution ; et des ignorans fanatiques qui
ne voyent ni l'une ni l'autre, et suivent aveu-
glément le mouvement de leurs passions.

Il ne faut pas entendre, par expérience, le talent de ces savans , de ces orateurs qui démontrent , dans des Tribunes et dans des livres,
l'excellence de la loi qu'ils proposent ; mais
il faut entendre les connoîssances de ces ob-
servateurs qui ont vu de près l'effet des lois ;
qui connoîssent les hommes et le jeu de leurs
passions , qui calculent les difficultés et les
dépenses qu'entraîne l'exécution de chaque
loi ; qui savent, comme le dit Rousseau, que
la prudence n'est jamais aussi prompte à imaginer de nouvelles précautions que la friponr-
nerie à les éluder.

La formation de la loi n'offre aucune difficulté : un enfant peut faire des lois sublimes en théorie ; il peut décréter , comme le
plus consommé politique , que la loi est égale
pour tous ; que toutes les denrées seront ven-
dues à un prix fixe; que les riches payeront
des centaines de millions d'emprunt forcé
qu'on leur restituera ; qu'il n'y aura plus de

mendians; qu'il sera mis des milliards en ré-
serve pour les défenseurs de la patrie ; qu'il
sera payé des pensions à leurs veuves, à leurs
orphelins; que les dettes de l'État seront ac-
quittées; que les guerriers et tous les fonctionnaires seront payés; qu'il sera établi d. s
manufactures, des ateliers, des usines, payé
des secours, des indemnités, des primes d'en-
couragement, établi des gréniers pour prévenir la disette , maintenir l'abondance , tracé
des grandes routes, creusé des canaux, cons-
truit des édifices, des monumens, établi des
hôpitaux, des écoles , des spectacles, équi-
pé des vaisseaux, levé, entretenu quatorze
armées; qu'un peuple se levera en masse et
ne fera la paix avec aucune puissance cou-
ronnée, égorgera tous ses prisonniers, cons-
tituera son gouvernement en République ,
avec des décades, des kilomètres et des hec-
togrammes *etc.* ; mais il faut faire descendre
de la Tribune l'orateur qui rédige en quatre
mots et en quatre minutes toutes ces lois, le
charger de l'exécution; et lui demander, après
dix ans de misères, de calamités et de massa-

cres, qu'elle différence il y a entre proposer ou décréter, et faire adopter et exécuter toutes ces mesures salutaires, toutes ces institutions sublimes.

La loi faite, il faudroit faire sortir le Législateur de l'atelier où elle se fabrique si aisément, et le placer dans les bureaux des Administrations, dans les postes militaires, ou sur le siége des Tribunaux, et lui dire qu'il n'a plus qu'à faire exécuter ou à appliquer la loi.

Il y a dans les Administrations, dans les Tribunaux sur-tout, deux ou trois cents mille questions à décider, dont on ne voit pas deux se ressembler, réunir les mêmes circonstances : il y a pour décider ces questions, vingt mille lois anciennes et vingt mille lois nouvelles qui toutes se modifient, s'expliquent, s'interprétent, s'étendent, se restreignent, s'anéantissent : dans chacune de ces affaires il y a deux parties dont chacune invoque et cite la loi, et en demande l'application. Ou elles demandent l'application de la même loi dans un sens contradictoire ; ou chaque chacune trouve de son côté des lois favorables à sa prétention; car il n'y a pas de chicaneur assez fou pour s'opposer au texte de la loi.

Une foule de Jurisconsultes étudient la même question et la décident, les uns dans un sens, les autres dans le sens opposé : les auteurs même de la loi sont consultés ; la question n'en est pas plus claire : les Juges la décident et appliquent la loi; d'autres Juges du Tribunal d'appel la décident dans le sens opposé, ou en appliquant la même loi dans un sens contradictoire, ou en appliquant des lois contradictoires avec celles appliquées par les premiers Juges. Ces Juges eux-mêmes, dans le même Tribunal, sont d'opinions différentes; les voix sont partagées; s'il ne s'agit que d'appliquer la loi, il y en a donc une partie qui ne sont que des Magistrats indignes, on ne peut pas dire ignorants, puisque la loi leur est citée et représentée par les parties, par les autres Juges, par les Jurisconsultes.

Tous les Juges de 93 ne faisoient aussi qu'appliquer la loi, en dépeuplant la France : et c'est en appliquant la loi qu'on a envoyé les

B

uns à l'échafaud, et continué les autres dans leurs fonctions.

Chaque législateur croit que c'est à lui seul qu'il appartient de prévoir tous les cas, de maîtriser toutes les hypothêses: il ne voit pas qu'il n'en fait disparoître une qu'en en créant mille. Il veut que la loi soit égale pour tous et ne comporte point d'exceptions; et les lois ne se font que pour établir des distinctions et des exceptions que la nature ne prescrit pas.

La raison et les institutions ne consacrent que des exceptions contre l'état naturel ; et l'ordre social ne se compose que d'exceptions.

Le pere qui distribueroit à ses enfans la même tâche, la même qualité, la même quantité d'alimens, violeroit les principes de la raison et de la justice : il violeroit les lois de la nature qui auroit donné à l'un vingt ans et un tempéramment robuste, et à l'autre huit ans et une constitution délicate.

Deux individus également constitués se présentent pour délibérer aux assemblées du Peuple : l'un est admis et prononce sur le sort de ses concitoyens, sur l'intérêt de la Patrie, parcequ'il a vingt ans 365 jours , l'autre est repoussé de la délibération parcequ'il a vingt ans 364 jours.

Dans l'ordre judiciaire, la loi qui établit un Tribunal de cassation pour toute la République, est-elle la même pour le riche habitant de Paris et pour le pauvre pâtre des Alpes et des Pyrennées ?

Le premier article du code judiciaire n'est-il pas une exception ? Il accorde trois jours, pour paroître sur une citation, à celui qui est domicilié dans les dix lieues , quatre jours à celui qui est domicilié au-delà : mais la neuvième et la dixième lieue ne sont séparées que par une ligne, et de deux individus domiciliés à la même distance , assignés le même jour , à la même heure , l'un a trois jours , l'autre quatre.

Le législateur qui voudra régulariser toutes les fictions prétendra qu'il faut fractionner et faire correspondre les lieues, les toises, les pieds, les pouces et les lignes avec les heures, les minutes et les secondes : un autre, plus ingénieux encore, imaginera les

B 2

mètres, les décimètres, les centimètres, les millimètres et toutes les parties décimales. La loi sera bien compassée ; l'exécution sera un tissu d'absurdités.

Les valeurs et les rapports de nos métaux monnoyés, avant la révolution, étoient donc mal calculés : notre commerce, nos relations en étoient donc embarrassées ; l'ordre public était donc troublé des difficultés, des rixes qui s'élevoient dans les marchés, dans les payemens, dans la comptabilité ; les tribunaux et les administrations retentissaient donc des plaintes des justiciables et des administrés, contre le sistême monétaire, puisqu'il a fallu remonnoyer le cuivre en cinq centimes au lieu de quatre liards, l'argent en cinq francs, pour cent et un sous, et un quart de sou, et à ce moyen réduire à 118 sous et demi l'ancienne pièce de 120 sous *etc.* Tous ces calculs sont justes : il n'y a point d'objections à faire aux chimistes et aux financiers qui en ont démontré l'exactitude ; mais il faudroit qu'ils sortissent de leurs cabinets et de leurs laboratoires, et vinssent parmi les habitans dés campagnes, et cette multitude de manufacturiers qui peuplent les villes, juger du sort de leurs savantes combinaisons, et de léur ingénieuse fabrication de décimes, de centimes, etc.

En voyant le numéraire devenir un objet de spéculation, d'agiotage et de friponnerie, ne craindroient-ils pas eux mêmes de n'avoir plus de monnoie de l'État; lorsque chaque pièce mise dans la balance, ou retirée de la circulation, inspire de la défiance pour sa valeur, ou de la répugnance par sa forme, sa nouveauté, sa multiplicité.

La loi est là, diront les savans, pour décider toutes ces questions et juger les ignorans qui se refusent à l'évidence : il ne s'agit que l'appliquer et de la faire exécuter. Sans doute, si toutes ces difficultés se portaient dans les tribunaux, il ne s'agiroit que d'appliquer la loi ; mais alors il y auroit autant de procès qu'il y a d'anciennes et de nouvelles pièces de monnoie dans la France ; mais comme les frais excéderoient de trois ou quatre cents fois le principal ; que ces procédures seroient ridicules, chacun s'en tient à murmurer, perdre ou agioter; et ce sont sur-tout les agens du Gouvernement qui font leur profit de toutes ces lois, qui, comme toutes celles de la révolution, n'ont servi qu'à enrichir les fripons et à justifier cette maxime de Frédéric : « Si j'avois » des provinces à châtier, je les ferois » gouverner par des philosophes. . » où celle de l'auteur du Contrat social : Faute de » sanction naturelle, les lois de la justice » ne font que le bien du méchant et le mal du juste.. » ou cette sentence de *Caton le Censeur :* « Renvoyez de Rome tous ces » philosophes et ces orateurs. »

Sans doute la loi est là pour juger, contraindre celui qui refuseroit d'ajouter pour une pièce nouvelle, un centieme et un quart de centieme, et de retrancher sur l'ancienne un cent vingtième et demi ; qui refuseroit les centimes et s'obstineroit à payer ses impôts au Gouvernement, avec la même monnoie qu'il auroit reçue du Gouvernement.

La loi étoit-là aussi pour condamner et

faire payer une amende à l'homme chari-
table qui faisoit voiturer, le jour de la
décade, quelques secours à une malheureuse
privée du nécessaire et mourant de froid
sur son lit de couches, et pour faire juger et
condamner la pauvre mère qui n'employoit et
ne pouvoit trouver que dans le jour de la
décade, quelques instans pour réparer les
haillons de ses enfans.

Sans doute la loi est là pour juger, contraindre, condamner, c'est-à-dire, pour *substituer,*
comme dit Rousseau, *la terreur au respect
que ces innovations ne peuvent obtenir.*
Mais l'opinion publique est là aussi pour
juger si le Gouvernement ne se sépare pas
du peuple dans son idiôme, dans ses formes,
dàns sa comptabilité, dans son culte même,
et si ses agens ne sont pas ses *mercenaires,*
comme dit Rousseau, *plutôt que les défenseurs de Rome.* L'opinion publique cons-
tate la volonté générale et *se fait toujours
connoître,* dit ce prôneur de la liberté,
*malgré le frein terrible de l'autorité pu-
blique, et le babil des philosophes, des*

*orateurs , des sophistes , des sermoneurs , des parleurs , des ligueurs , des brouillons.*

Le Gouvernement français est à même de faire l'épreuve de cette vérité du Citoyen de Genêve. En rendant au peuple sa liberté sur les dimanches ou les décades et les autres nouveautés , il a pu se défendre de l'imposture de ses espions et juger , par ses yeux, l'opinion publique et la volonté générale : il peut juger si les nouvelles institutions sont plus agréables au peuple que les anciennes. Si la volonté générale se manifeste pour la nouvelle , l'observateur fanatique de l'ancienne sépare sa volonté de la volonté générale : si , au contraire, elle se manifeste pour l'ancienne institution ; si le peuple libre l'observe , le Gouvernement, en conservant ses nouvelles pour lui , pour ses fonctionnaires , ne sépare-t-il pas sa volonté de celle du peuple ? et dans toutes ses relations commerciales et industrielles, le peuple a-t-il adopté l'idiôme et les formes du Gouvernement ?

Il est temps que les chercheurs de perfection , la cherchent ailleurs que dans leurs .cabinets et leurs livres. Il est temps qu'ils s'environnent d'hommes d'expérience , s'ils veulent cesser de nous ensévelir sous des décombres , et sur-tout faire sortir l'ordre judiciaire du cahos révolutionnaire. Si ce sont les savans de Paris; si ce sont les jurisconsultes de cabinet qui le façonnent, il pourra sortir de son berceau, ou de son tombeau, sous les formes séduisantes d'un génie bienfaisant, assez puissant pour consoler la France de cette législation anarchique, spoliatrice, sanguinaire, qui ne respectoit, ne garantissoit ni personnes ni propriétés : il pourra recevoir la sanction d'une foule d'hommes de mérite dans une vaste cité; mais une fois mis en action sur deux ou trois cents lieues de territoire, peuplé de la majorité de la nation, dont les mœurs et les habitudes ne sont point celles de la capitale, il pourroit bien être confondu avec la masse informe des lois révolutionnaires, par une foule d'hommes de mérite et d'expérience, dans de vastes provinces.

Tous ceux qui ont entrepris de réformer, de récréer l'ordre judiciaire se sont cru en état d'atteindre la perfection ; ils ont promis de le dégager de tous les abus qu'une longue expérience leur avait fait distinguer et juger ; ils ont promis de simplifier la procédure, de diminuer les frais, etc. Qu'on juge les novateurs sans partialité ; que l'on compare leurs promeses et le résultat de leurs conceptions, on conviendra qu'on a tant empilé les lois, les motions, les discours, les projets, tant fait la guerre aux riches, tant compliqué le travail, tant multiplié les droits, les comptes, les tableaux, la correspondance, qu'il faut dix bureaux où il ne fallait pas un commis. avant la révolution, dix registres où il n'étoit pas employé un feuillet ; qu'une décision, un jugement qui coûtoit dix francs, coûte cinquante écus ; et que le pauvre ne peut défendre sa propriété contre le riche, parce que ce sont les savans et jamais les hommes d'expérience qui ont fait passer la loi ; parce qu'on s'est attaché à la théorie et aux mots, sans calculer les inconvéniens, les embarras, les frais de l'exécution.

Lorsqu'il étoit question de donner un gouvernement à la France, nous étions 750 en état de rédiger une Constitution, d'en discuter les articles à la tribune, et de faire des codes pour gouverner tous les peuples de l'univers; mais pas un n'étoit en état de faire une transaction sur les contestations de deux fabricans ou manufacturiers, relativement à des ateliers et des usines situés à 20 lieues du cabinet où il avait appris avec Platon, Aristote, Grotius, Hobbes, Pufendorff, Montesquieu, Mably et Rousseau à gouverner toute la terre, et à enlever ou à rendre à chaque habitant du globe, sa souveraineté inaliénable et ses droits inprescriptibles.

*Bureau de Conciliation.*

La conception des législateurs qui, en innovant dans l'ordre judiciaire, décidèrent de faire présenter toutes les difficultés à un bureau de paix, pour y tenter la voie de la conciliation, avant d'ouvrir la dis-

cussion dans les tribunaux , n'est pas ridicule:
la loi est bien raisonnable dans sa théorie ;
mais qu'on en juge l'exécution; qu'on calcule
le nombre des affaires qui se concilient dans
cette épreuve ; les frais , les longueurs et
les embarras que cette formalité entraîne ;
et on conviendra qu'il n'est résulté de cette
innovation , comme de toutes les autres ,
que des inconveniens et des abus, sans aucun
avantage.

En faveur de qui s'établissent les abus ?
toujours en faveur du riche contre le
pauvre: la théorie est toujours pour le pauvre;
et la rigueur de l'exécution , toujours contre
le pauvre.

### *Loi du 22 Frimaire.*

Peut-on faire entrer dans la combinaison
des élémens de l'ordre judiciaire , la loi du
22 Frimaire an 7 ? Considérée sous tous ses
rapports , n'est-elle pas la négation de
toute justice commutative et distributive ?
*Que l'on interroge* , dit l'auteur du meilleur
de tous les ouvrages qui ait paru sur les
finances depuis la révolution , *les officiers*

*publics et ministériels de tous les départemens, et tous les propriétaires, ils s'accorderont à dire, les premiers, qu'ils ne rédigent presque point d'actes, les autres, qu'ils attendent pour régler leurs intérêts, par des actes authentiques, que le Gouvernement mieux éclairé, ou moins dominé par ses besoins, veuille bien adopter des fixations moins onéreuses pour la perception des droits d'enregistrement.*

Qu'on aille considérer dans tous les greffes la rigueur des formalités, la multiplicité, l'énormité des droits ; que l'on compare le résultat de la loi du 22 Frimaire aux rigueurs de l'édit de 1693, des déclarations de 1708 et 1722, et l'on verra si cette loi, sur-tout réunie à celle sur le timbre, les hypothèques, les droits de greffe, les patentes, ne frappe pas de mort l'agriculture, l'industrie, le commerce, la justice ; si elle ne dévoue pas toutes les propriétés à la voracité du fisc, sans atteindre encore le but que s'est proposé le financier avec sa théorie.

Les législateurs financiers ont vu que

l'exécutiou de leurs lois avoit si peu répondu à leur théorie qu'ils ont trouvé sur celle de l'enregistrement, un déficit de plus de 6,285,000 francs, sur celle du timbre, plus de 2,460,000 francs ; et celle sur les hypothèques, au lieu de 8 millions, dans leur calcul, n'a pas produit 1,350,000 fr.

Ce fut pour rectifier ces erreurs des faiseurs d'hypothèses et de lois, dans le cabinet et les tribunes, que d'autres financiers imaginèrent la loi du 22 Frimaire dont *l'exé-cution ,* dit le même auteur, *a produit un effet entièrement opposé à celui que l'on en attendoit.*

Et cependant il est des maximes qui n'ont pu être ignorées que par nos financiers ré-volutionnaires, celles sur-tout, que *l'impôt se détruit par l'impôt ; et qu'en finance il ne faut pas compter que deux et deux font quatre.* Mais quelles maximes invoquer contre des Economistes qui, en faisant l'apo-théose de l'auteur du discours sur l'écono-mie politique, où on lit que ce n'est pas prévenir l'inégalité des fortunes que d'enlever les trésors à leurs possesseurs, faisoient cependant égorger ces possesseurs pour s'emparer de leurs fortunes, et avoient la barbare stupidité de dire qu'ils battoient monnoie sur l'échafaud !

Quant à l'application de cette loi ils avoient un siécle d'expérience, vingt mille décisions qui étoient autant de lois ; car, quoiqu'on dise en théorie que la loi est *l'expression de la volonté générale*, dans le fait, le sujet, avec sa *corrélation identique*, obéit à la décision du dépositaire de l'autorité même inférieure ; et déjá depuis deux ans les milliers d'agens subalternes chargés de l'exécution de cette loi, ont 1800 circulaires qui dans le fait sont des lois, et pour l'agent qui perçoit, et pour le malheureux qui paye. Et si chaqne loi, dont, dit le législateur, il ne s'agit que de faire l'application, étoit susceptible d'autant d'interprétations, les régénérateurs de l'ordre social, ct sur-tout de l'ordre judiciaire et de l'économie publique, auroient répandu dans la société, depuis la révolution, le germe de 200 millions de procès.

Si donc les combinaisons financières s'allient encore à l'ordre judiciaire , alors le génie dévorateur de la fiscalité interdira au pauvre l'accès des Tribunaux; et l'ordre judiciaire ne sera dans l'ordre social qu'une exception en faveur du riche contre le pauvre.

Il faut des impôts , répéte - t - on sans cesse. Il faut les faire payer , s'il est possible ; mais dénier la justice au pauvre ! ! ! la lui dénier par une loi ! ! ! ! ! ! ! Il faudroit que le Législateur pût voir et connoître les pauvres. Il ne faut pas entendre les gueux de 93 ; ils n'étoient pas des pauvres.

L'énormité des frais et des abus de l'ancienne procédure n'a-t-elle pas été une des causes de la révolution ? Ces frais et ces abus , avec la collection de vingt mille lois nouvelles , ne sont-ils pas aujourd'hui plus énormes , et n'a-t-on pas été obligé d'en revenir , au moins provisoirement , aux anciennes formes , sans diminuer , en conservant au contraire , les frais et les abus des nouvelles ?

## *Ordonnance de 1667.*

La conception la plus simple auroit pu rétablir l'ordre judiciaire, au moins pour le
tems que les novateurs auroient jugé à propos d'employer à en créer un nouveau, à
l'aide de l'expérience, et lorsqu'ils auroient
été revenus de l'enthousiasme du changement, du prestige de la révolution; mais
cette conception auroit paru niaise aux Législateurs de cabinet qui avoient entassé
leurs matériaux et préparé leurs pompeux
discours; et elle auroit paru contre-révolutionnaire aux Législateurs de clubs qui faisoient le serment de haîne à tout ordre
ancien et nouveau; c'étoit de faire alors ce
qu'on a cru à propos de faire, ce qu'on a
fait depuis, conserver ce monument fameux
des beaux jours de la France, des lumières
de ses Magistrats, l'ordonnance de 1667.

Après la suppression des Parlemens, des
Tribunaux d'exception, des Justices Sei-
gneuriales, des Offices, des matières féo-
dales et bénéficiales, des retraits, *etc.*, les
Tribunaux rapprochés des justiciables, avec

cette loi dont un siécle avoit rendu l'exécution familière dans toute la France, et
qui ne se remplacera pas aisément, avec
l'autorité des Domat, des Pothier, l'ordre
judiciaire étoit régénéré : tous les esprits
avoient le tems de se mûrir, les uns pour
préparer un nouveau code, les autres pour
le recevoir.

Qu'auroit produit cette abstinence de parlage et de lois ? Qu'ont produit les projets,
les livres, les rapports, les discours, les
*considérants*, les lois sur l'ordre judiciaire,
depuis la révolution ?

### *Justice de paix.*

Les novateurs, ou plutôt les imitateurs
qui ont introduit chez nous cette institution de nos voisins, la Justice de paix,
n'ont point trouvé de contradicteurs dans
la théorie ; mais il faut voir tous ces officiers de paix, sur-tout ceux nommés par
le Directoire, et remplaçant les hommes de
mérite choisis par le Peuple ; il faut voir
tous ces patriotes de cottéries inconnus du
Directoire, mais désignés comme incapa-

bles de faire des fautes, à moins que ce
ne fut par ineptie ou immoralité, et jamais
par défaut de patriotisme ; il faut les voir
sortir de leur attelier, quitter le marteau
et le tablier pour juger en dernier ressort,
et disposer en leur conscience de la propriété, de la fortune de la majorité de la
nation, car il y a plus d'individus qui n'ont
pas 5o francs à leur disposition, qu'il n'y
en a qui possédent au-delà.

Qu'importe la somme, le Juge de paix
juge sans apel, en insérant ces mots : *en
dernier ressort*. Mais, dit le Législateur,
il a au-dessus de lui le Tribunal de cassation. N'est-ce pas une dérision que de
dire à un malheureux habitant de Perinaldo
ou d'Angustrina qu'il peut aller à Paris se
pourvoir au Tribunal de cassation ?

Un juge de paix, aucun juge même devroit-il prononcer en premier et dernier
ressort ?

Que l'on borne, si l'on veut, l'ordre judiciaire à deux dégrés de jurisdiction ; on
peut simplifier, tant qu'on voudra, la pro-

cédure sur l'apel, réduire les frais et les droits : le fisc y gagnera peu, mais il ne gagne rien du tout, lorsqu'il n'y a point d'apel.

On a discuté la question de savoir si l'on diminueroit le nombre des justices de paix. Voilà encore une des lubies de la finance qui s'agite sans cesse contre la classe indigente et laborieuse qui en exigeoit l'augmentation. Où a-t-on agité cette question? A-t-on consulté ces millions d'individus qui peuplent et cultivent les campagnes, ces dépositaires de toutes les propriétés réelles de l'État, plutôt que des Citadins qui ne présentent jamais à ces Tribunaux de paix que des affaires personnelles et des querelles dégoûtantes ?

On veut épargner un traitement de six cents francs dans un Arrondissement ; et à une audience de la police correctionnelle on fait cent écus de dépense inutile ; à chaque audience on fait des frais excessifs pour décider ces misérables affaires de rixes et d'injures qui se décidoient autrefois plus équitablement pour un écu, tandis qu'il

ne peut y avoir aujourd'hui aucune décision qui n'absorbe la fortune des délin-
quans, ou ne grève le trésor public de frais
énormes.

*Police correctionnelle.*

Que le Législateur, que le premier Jurisconsulte de la France se transporte à ces
audiences de police correctionnelle, sur-
tout dans ces cités populeuses où fourmillent les ouvriers indigens de manufactures
apauvries par la révolution, il n'y verra
que des malheureux traduits pour des rixes
et des voyes de fait dont on veut encore
supposer que l'ordre public exige la repres-
sion ; il y verra de pauvres habitans de
chaumiéres, de misérables femmes, couverts de lambeaux, obligés de paroître en
personne, de quitter leurs travaux, leurs
enfans, de faire un trajet de sept à huit
lieues, pour venir subir publiquement leur
interrogatoire, déjà subi à la justice de
paix, ensuite devant un Directeur de Jury;
il y verra des rapports d'officiers de santé,
des transports de témoins apellés à frais

énormes de pays éloignés pour parvenir à faire déclarer qu'il y a eu effusion de sang, et que l'article 13 du titre 2 de la loi du 19 juillet 1791 du code correctionnel doit être appliquée.

Souvent les faits ne sont déniés par aucunes des parties dont les torts sont réciproques, qui ne savent ni ce que signifient, ni à quoi aboutissent tant de formalités, tant de procédures, tant de dépenses, mais qui se trouvent ruinés parce qu'il y a eu une égratignure à l'épiderme d'un crocheteur qui ne s'en est guères plus aperçu que son adversaire, avec lequel il est dejà réconcilié à la Taverne. Si le prévenu est aisé, il se trouve ou ruiné ou malaisé pour toute sa vie : s'il est indigent, il reste un mois dans les prisons : le trésor public paye encore les frais : sa malheureuse famille s'épuise pour lui donner des secours, ou se disperse pour mendier ; la société est privée d'un mois de son travail; et c'est encore le trésor public qui est grévé d'un mois de nourriture, de la

subsistance de malheureux enfans, dont á
la vérité il est déchargé par un trait d'in-
humanité , parce qu'on les laisse à l'abandon.

Il ne verra pas plus de fournisseurs et
de possesseurs de Châteaux du nouveau régime , condamnés á l'amende dans ces audiences, qu'il n'y voyoit, dans l'ancien , de
fermiers-généraux et de seigneurs de paroisse.

Il semble que le trésor public, oú le
Législateur fait pleuvoir loin de lui la sueur
et le sang du peuple , soit à la disposition de quatre à cinq cents agens qui n'ont
ni bornes, ni instruction, ni sur le nombre
des témoins, ni sur la distance des lieux
d'où ils peuvent les apeller, ni sur l'importance des affaires.

Dans l'ancien ordre judiciaire qui n'étoit
certainement pas parfait, mais dont les abus
n'étoient pas hors de l'atteinte d'une réforme raisonnable, si on n'eut pas voulu
bouleverser-tout au lieu de corriger une
partie, toutes ces affaires mieux vues par
des Juges habitués aux usages, sur les lieux,
que prévues par les Jurisconsultes de cours

supérieures ou de Législateurs savans dans un cabinet, dans un laboratoire, étoient jugées, sans qu'on cite aucuns abus frapans d'autorité, soit que les poursuites fussent dirigées par le ministère public, soit qu'elles fussent dirigées par la partie civile. Les amendes, les frais étoient proportionnés aux facultés et aux délits agravés ou atténués par des circonstances particulieres, hors de la prévoyance du Législateur, mais apréciés à la parfaite connoissance de Juges formés par une longue pratique, et à qui on ne pouvoit presque jamais reprocher que de ne pas réprimer l'activité de défenseurs ou d'officiers subalternes, trop avides; abus qui devoit se réformer, plutôt par un réglement sur leurs droits et leur conduite, que par des volumes dont l'effet le moins desastreux est de prouver l'extravagante présomption d'avoir tout prévu.

### Nullité des procédures.

Un autre abus, sur-tout dans la partie criminelle de l'ordre judiciaire, c'est la faculté qu'ont des juges supérieurs de déclaret nulle l'instruction faite dans les Tribunaux inférieurs.

Il n'y a peut-être pas une procédure, en matiere criminelle, contre laquelle un rigoriste, un chicanneur ne puisse proposer quelques moyens de nullité, en tordant une foule d'actes dont chacun est assujéti à une multitude de formalités qui paroissent essentielles dans la théorie, mais que les circonstances rendent minutieuses, frivoles, inutiles dans la pratique. Si un moyen de nullité peut être proposé, il peut donc être accueilli. Qu'à cette chance si facile se réunisse encore ce penchant naturel de l'homme à réformer tout ce qui sort des mains de son semblable, dans l'état déplorable actuel de l'opinion publique, il est certain que toute procédure peut être déclarée nulle, dès que la nullité d'un seul acte entraîne celle de la procédure entière : il faut la recommencer : ce sont les plus volumineuses qui présentent le plus de moyens de nullité ; ce sont les plus volumineuses qui occasionnent des frais énormes, toujours en pure perte, et à la charge du trésor public. C'est en-core le cas de dire : *on applique la loi* : mais dans l'ancienne procédure , en matiere de retrait , il étoit aussi rare de ne pas voir arguer une procédure de nullité , que de voir insister sur les mêmes formalités dans les autres matieres. Ces moyens le plus souvent étoient accueillis par les juges: on ne dissimuloit pas que c'étoit parce que cette action étoit odieuse ; on appliquoit aussi la loi ; et c'étoit la même loi qui régloit aussi toutes les formalités des autres procédures.

On parle de rendre les juges ou les gref-fiers responsables de ces nullités : mais quelle est donc la fortune qui pourroit faire face à la possibilité ? quel est donc le fonction-naire qui s'exposeroit à une pareille chance?

N'est-on pas indigné quand on voit ces frivoles arguties se porter uniquement sur l'omission d'un mot, d'un nom, d'une syl-labe , cent fois répétée ailleurs , rectifiée à chaque page de la procédure, ou que dans une minute on peut rétablir, sans inconvénient, sans opposition , sans frais? Ne devroit-il pas être établi des Tribunaux spéciaux pour juger, sans instruction, ces nullités, et ne prononcer qu'à l'unanimité, qu'elles sont irréparables ?

### *Jurés.*

L'institution des Jurés manquoit à l'ancienne jurisprudence ; mais cette institution n'est d'aucune efficacité dans un Etat de trente millions d'hommes divisés par leurs opinions politiques et religieuses, livrés aux horreurs de la guerre extérieure et de la guerre civile. La France n'en a-t-elle pas fait la cruelle expérience ; et cette institution bienfaisante de Jurés n'a-t-elle pas préludé pour arracher les balances des mains de la justice, et y substituer les poignards et les tisons de la discorde ?

N'a-t-elle pas vu ces Jurés, toujours nommés par le parti qui accusoit, faire les fonctions de Bourreaux plutôt que de Juges.

Cette institution est illusoire, si chaque membre du Jury n'est pas nommé par le

Peuple : s'il n'est pas nommé par le Peuple,
il n'est nommé que par une minorité, par
un parti , par une cotterie ; et lorsque c'est
cette minorité qui accuse , le prévenu est
jugé par son ennemi ; et si elle est accu-
sée, dans l'un ou dans plusieurs de ses individus, elle se juge elle-même.

Peut-on croire à l'excellence de cette institution, lorsqu'il n'y a que l'individu pas-
sionné qui quitte sans répugnance ses affaires et ses foyers, pour s'acquitter de cette
fonction dégoûtante chez une nation nombreuse, frivole et industrieuse ? Tous deux
prononcent, l'un avec une affection , l'autre
avec une indifférence , qui toutes deux sont
également funestes à la société.

N'est-on pas effrayé quand on voit ces
Jurés nommés par un seul individu, ces
fonctions terribles données par un homme
de parti ? N'est-ce pas voir dérisionner les
premières ; les plus sérieuses institutions de
l'ordre social que de voir représenter une
foule de pièces d'écriture à un Juré indifférent, ennuyé, mécontent, ne sachant ni

lire ni écrire, pour le faire prononcer en matiere de faux ?

On a réformé quelques ridicules de l'instruction par une nouvelle loi du 7 pluviose. Combien, avant cette loi, d'hommes d'expérience s'étoient récriés contre les écarts de l'imagination des Législateurs à systêmes, qui, dans leur théorie, voyoient qu'il étoit très-moral, très-humain, très-philantropique de donner toute la publicité à l'instruction, de supprimer la peine de mort ? Mais le Législateur bien gardé, ou en quelque sorte perdu dans une grande cité, ne voit pas que l'habitant de la campagne n'ôse dire la vérité, se croit obligé de refuser son témoignage contre un accusé qu'il tremble de voir, ou échapé des prisons, ou acquitté par des ignorans ou des complaisans, ou rendu à la société, le tems de la peine expiré, revenir l'égorger dans son habitation isolée, ou incendier sa maison, sa récolte.

Faire subir le même supplice au fripon qui vole sept à huit francs, et au monstre qui fait périr par le fer, le feu, le poison,

son pere , sa mere , son épouse , ses enfans , n'est-ce pas dire au filou que pour
dérober la connoîssance de son escroquerie,
il ne lui en coûtera pas d'avantage de tout
égorger , tout empoisonner , tout bruler ?

### *Prisons.*

S'est-on efficacement occupé de cet article,
le plus intéressant du code pénal, des prisons, de ces repaires d'infection et de corruption , ou l'haleine de l'homme, comme
dit Rousseau , est mortelle pour son semblable , au sens propre comme au sens
figuré , et d'où le coupable d'une faute
ne sort jamais que capable d'un crime?

Il y a sur cette partie, comme sur toutes
les autres , beaucoup de propositions , de
projets , de plans d'innovation , d'amélio-
ration, de construction , de distribution ,
de nouvelles dénominations , des idées très-
philantropiques : tous les ingénieurs , les
architectes, les entrepreneurs , les fournisseurs , tous les spéculateurs , les chercheurs
de places en attendent peut-être l'exécution

avec impatience. La philosophie , la phi-
lantropie restent dans les livres , et la misère et l'horreur dans les prisons.

*Commerce.*

La procédure en matiere de commerce a
éprouvé aussi une surcharge de droits et
de formalités dont les Législateurs n'ont
pas vu d'assez près les funestes résultats.
Le tact du Gouvernement est mortel pour
cette partie, si délicate qu'elle ne peut pas
soutenir les regards du fisc. La plus puissante protection que le Gouvernement puisse
lui accorder est la liberté. Ce n'est que le
mouvement libre qui constitue cette richesse
magique qui ne consiste que dans la circulation rapide de chaque pièce de numéraire,
de chaque poignée de la production de l'agriculture ou de l'industrie. Ce ne sont pas
deux ou trois milliards de métal monnoyé
qui constituent la fortune publique qui ne
se compose elle-même que des fortunes particulieres, puisque ce numéraire partagé ne
donneroit pas à un seul individu sa subsistance pour une seule année , et qu'en

stagnation il ne représente rien. l'Écu que la gêne ou la terreur resserre au fond d'un coffre, a moins de valeur que le morceau de caillou qui est en évidence. Au bout de l'année il n'a rien représenté, rien payé. Si le Gouvernement avoit la vertu de lui imprimer un mouvement si rapide qu'il passât en dix mains chaque jour, ce même écu auroit réellement fait pour 10,950 fr. d'affaires ; il auroit réellement payé pour 10,950 fr. de marchandises et d'impôts. Et si la dixième main étoit celle du Gouvernement, cet écu seul auroit représenté dans le trésor public 1095 fr. Mais cette magie ne consiste que dans la liberté et la parfaite sécurité : et la grande protection que le Gouvernement puisse accorder au commerce, est de se dispenser de toute spéculation, mais de contenir des agens trop actifs dont les formes acerbes deviennent pour l'industrie et le commerce le toucher des harpyes.

Non seulement il faudroit ramener cette procédure à son ancienne simplicité, mais

( 39 )

il faudroit encore la tempérer par un réglement modéré qui, en dissipant la frayeur
qui étouffe toutes les affaires, fit retour-
ner au fisc, par leur multitude, ce qu'il
perd par leur défection.

*Lois fiscales ou bursales.*

Les besoins de l'État exigent un impôt
de 3o millions : il y a trente millions d'individus, ou d'objets de commerce, d'industrie, de spéculation, de consommation;
le compte est clair : à un *franc* pour chacun, l'impôt paroît insensible au calcula-
teur qui a tranquillement posé ses chiffres
sur le papier. La loi est faite en quatre
mots ; mais elle n'est seulement pas proposée, que tous les spéculateurs entourent
les autorités qui doivent être chargées de
l'exécution ; tous les intrigants fourmillent
autour du Gouvernement. Il faut des administrations, des directions, des inspections,
des vérifications, des bureaux, des commis, des registres, des tableaux, des bor-
dereaux, des instructions, des correspondances, des circulaires ; ensuite il faut des

D

chevaux , des voitures ; ensuite des bijoux ,
des châteaux ; et puis des lois pour expliquer , en dix chapitres , la loi qui , rédigée
en un article , a donné à la société une foule
de fraudeurs, de contrebandiers plus prompts
à trouver les moyens d'éluder les mesures,
que la prudence à les imaginer ; des commentateurs, des livres, une nouvelle jurisprudence qui n'a aucun rapport ni avec
le droit écrit, ni avec le droit coutumier;
qui n'effectue ni la rentrée, ni la somme,
ni la destination de ces fonds dont le calcul étoit si juste ; mais qui , en revanche
tient en fermentation le germe de dix millions de procès, dont les frais excédent toujours le principal , et où le principal , les
frais , les amendes , les confiscations peuvent faire la fortune de quelques centaines
de privilégiés , en ruinant plusieurs milliers de familles , sans que les routes en
soyent ni mieux réparées , ni plus sûres,
les hospices mieux pourvus , les mendians
moins nombreux , les vols moins fréquens;
sans que le vieillard , l'infirme , la veuve ,

l'orphelin, la nourrice qui allaite l'enfant de la patrie, dont on s'occupe toujours dans les *Considérants*, en soyent ni mieux soignés, ni mieux payés, ni moins misérables. Les avoués, les défenseurs raisonnent, écrivent, les Juges prononcent, sans qu'il soit question ni de droit français, ni de droit romain, ni de code civil.

### Dépens.

L'objet le plus intéressant de l'ordre judiciaire, et dont on s'occupe le moins, est la taxe des dépens. On a fait beaucoup de réglemens, mais on n'a pas, à l'aide de ces lois illusoires, épargné une pistole à un plaideur. A peine est-il engagé dans une procédnre, que les frais deviennent le principal. Dans quatre à cinq pages d'écriture, dont il faudroit juger l'utilité ou l'inutilité par un nouveau procès, on a déjoué toutes les petites combinaisons du Législateur, tous ses petits calculs, ses petits articles de *cinq* ou de *dix* sous.  -

Et quand la furie révolutionnaire a eu proscrit la procédure, l'instruction, les formalités, les défenseurs, les dépens, promené sa faulx, ses poignards, sur toutes les anciennes institutions et les individus *suspects* d'habitudes indéracinables ; quand elle a eu passé le fer et le feu sur tous les liens de la société, et proclamé pour formes sociales, la négation de toutes les formes, comme elle avoit proclamé, pour son Gouvernement, la négation de tout Gouvernement, alors les frais de la défense étoient énormes ; et jamais le défenseur chargé de parler devant ces juges, qui ne devoient se connoître qu'en *civisme*, n'avoit tant retiré du produit de son travail, que lorsqu'il ne lui étoit rien alloué.

### *Des avoués et des huissiers.*

Une loi qui pût sagement régler les droits et la conduite de ces officiers, est une chimère. Il faudroit déployer, sous les yeux d'un Législateur, un dossier de *pièces*, de *procédures*, de *diligences* et de *poursuites* ; le charger d'examiner les *actes*, les *significations*, les *pièces d'écritures*, les *copies*, le nombre des *pages*, des *lignes*,

des *syllabes ;* distinguer ce qui étoit strictement nécessaire , ce qui doit être rejetté,
ce qui peut être réduit ; et le laisser décider lui-même s'il se croit en état de faire
un réglement général. Si rien n'est à l'arbitraire du juge, la loi sera ridicule dans
une partie, illusoire dans l'autre. Si tout
est à l'arbitraire du juge, l'officier est dans
une dépendance qui répugne à l'état social ,
sur-tout aux fonctions d'homme de loi.

### *Des notaires.*

Les fonctions de Notaire tiennent essen-
tiellement à l'ordre judiciaire ; elles en
embrassent deux parties , le *jugement* et
*l'exécution;* et l'organisation en est impar-
faite. La collocation d'un officier dans deux
ou trois Communes, et le droit d'instru-
menter sur sept à huit cents, sont deux
dispositions contradictoires. Si une loi su-
blime en théorie entraîne des absurdités
dans son exécution, combien l'exécution
d'une loi, vicieuse dans sa théorie même,
doit-elle engendrer d'injustices ? Combien,
dans la partie fiscale, est mal graduée la

fixation du cautionnèment, lorsque celui qui paye le moins se met en concurrence avec celui qui paye le plus ; et, d'une autre part, comment peut-on contraindre celui qui ne peut payer le quart d'une somme, à payer des amendes qui doublent la somme entière ? Certes ! l'officier qui ne peut trouver cent francs pour conserver son état, ne trouvera pas mille francs pour le perdre. Soutenir qu'il a eu tort de faire sa soumission, c'est lui faire un crime de s'être livré à l'espérance ; le punir de ses affections, c'est bien mal connoître et juger le cœur humain.

La nomination d'un notaire est peut-être l'acte le plus délicat de toute l'administration ; l'ignorance ou l'immoralité de ce dépositaire de ce qu'il y a de plus précieux pour l'état, la fortune, l'existence de tous les citoyens, est un fleau désastreux dans la contrée qui en est affligée, et bien à redouter pour toutes ces campagnes peuplées d'individus qui ne peuvent ni comprendre, ni signer, ni lire des actes dans lesquels on dispose de leur fortune , souvent en leur absence , souvent sur des notes anciennes , infidèles , incorrectes , trop souvent sans leur consentement. N'a-t-on pas vu de faux personnages figurer chez des notaires , et faire perdre subitément à une famille le titre de propriétaire ou de créancier , et y substituer des procès éternels et ruineux ?

### Écoles de droit.

Dès que pour exercer les fonctions d'homme de loi et de juge , il ne faut aucune condition , pas même celle de savoir lire et écrire ; il ne faut ni codes ni écoles. Il ne manque plus que d'écarter les lumières , les talens , les connoissances , l'expérience , le suffrage du Peuple , et d'y suppléer par un certificat de civisme , délivré par les cinq à six ignorans les plus abhorrés de leur Commune.

### Suffrage du Peuple.

Depuis que la France , et sur-tout la plupart des Jurisconsultes des Départemens font ces réflexions , le Gouvernement a fait deux pas vers le but auquel tout Français animé de l'amour de la liberté et de l'intérêt de sa patrie, a cru que la révolution viendroit aboutir, c'est-à-dire, vers la volonté ou l'opinion générale. Il a remis le projet d'un code civil à examiner aux Jurisconsultes du premier tribunal de la France : il a donné au peuple la loi, du 13 ventose sur la faculté de donner son suffrage.

Il est vrai que cette loi dont on peut dire, comme des œuvres de Montesquieu, *que ce n'est pas l'esprit des lois, mais de l'esprit sur les lois ;* qui sera inconnue aux quatre-vingt-dix-neuf centièmes de la France, et ne sera pas méditée et conçue par l'autre centième, ne donne point au peuple la faculté de nommer lui-même ses Magistrats, et ne le releve point de l'interdit jetté sur sa volonté par ses mandataires, principalement sur l'avantage de nommer ses juges. A quoi aboutiront tant d'opérations sur la *formation des séries, des listes,* les nominations de *Direc-*

*teurs de scrutin, de Srutateurs, les suf-
frages dans la série, hors la série, pour
les absens,* ce déplacement, ce transport
*de bulletins, de listes* etc. ? A voir fabriquer, voiturer toutes ces *boîtes,* imprimer
ces tableaux, on croit déjà que la loi n'a
eu pour but que la fabrication des instrumens de la souveraineté du Peuple. On
tremble de voir une nouvelle branche d'administration, des entrepenneurs, des fournisseurs de *boîtes,* des vérificateurs, des
inspecteurs, des directeurs, des caissiers,
des commis. Cependant le Législateur qui
a minuté cette loi, n'a peut-être pas calculé que cette fabrication de *boîtes* seroit
un objet de dépense d'un million, ou un
million et demi, non compris le papier,
l'impression *etc.* Sait-il qu'à 15 myriamètres du Conseil d'État, il y a des Communes où on ne trouve qu'un individu qui
sache lire et écrire? Tout cet appareil
semble rappeler au Peuple que depuis
qu'on l'a rebatu de sa Souveraineté, de
son autorité, il n'a rien nommé, ou que

ceux qui ont eu son suffrage, dans ses assemblées, ont été proscrits ; qu'il est encore condamné à ne rien nommer, excepté ses Juges-de-paix, ce qui est encore aussi dans le futur contingent.

Au lieu de cette foule d'opérations qui n'inspirent que plus d'indifférence, il y auroit à suivre un procédé bien plus populaire, sans se rapprocher en rien de cette démagogie tyrannique qui a toujours étoufé la voix de la majorité, et privé le peuple des Magistrats de son choix : ce seroit de distinguer les séries sur le rôle des contributions.

On ne parle pas de former des corporations ; quoique ce mot ne dût point effaroucher les dépositaires de l'autorité ; car depuis la dissolution, ou plutôt la destruction de celles *du clergé*, *de la noblesse*, *des parlemens et des freres et sœurs de charité*, il n'y en a plus de redoutables pour la liberté du peuple : le Gouvernement le reconnoît, puisqu'il en légitime quelques débris. On pourroit cependant se

relâcher de l'aplomb du niveau de 93 ;
car le célibataire qui ne met dans le trésor public qu'un marc de cuivre, doit être
assez modeste, c'est bien dire, assez bon
républicain, pour se persuader qu'il ne
peut pas raisonnablement avoir, dans l'ad-
ministration, la voix aussi décisive que le 
père de famille qui verse au même trésor
cent marcs d'argent, attire par son industrie le numéraire de l'étranger, en centuple
la représentation parmi ses concitoyens, et
soutient, dans ses fabriques, l'existence de
mille familles.

Ces niveleurs eux-mêmes n'étoient pas si
austères, en posant sur nos têtes ce joug
de la félicité publique. Ils se distinguoient
comme meilleurs patriotes, et se réservoient,
à une douzaine par commune, le droit de
spoliation, de proscription, de vie et de
mort sur le reste de la nation.

En conservant au surplus ce simulacre
de leurs formes démocratiques, chaque
assemblée élémentaire, ou primaire, se com-
poseroit d'une centaine de votans ; et, dans

les formes qui leur sont maintenant fami-
lières, ils nommeroient, à la majorité absolue de tous ceux qui y doivent leur voix,
leurs notables, ou délégués, ou électeurs.

Ces premiers élus formant une assemblée qui ne seroit pas plus nombreuse que
celle d'une série, nommeroient dans leur
section, ou commune, ou municipalité,
tous leurs fonctionnaires.

Pour donner le nombre déterminé d'électeurs à une assemblée électorale, ils enver-
roient de chaque série le premier, c'est-
à dire, celui qui auroit obtenu le plus de
voix, ou choisiroient, comme pour les fonctionnaires, parmi les premiers élus, en ne
mettant que le premier en concurrence avec
chaque premier. L'opération seroit simple
et prompte. Le surplus des délégués, électeurs ou notables, qui ne seroient pas fonctionnaires, seroient les membres du *Jury*.
Ainsi chaque délégué, électeur ou notable,
chaque fonctionnaire, chaque membre du
Jury auroit obtenu la majorité absolue dans
l'assemblée du Peuple, ou dans l'assem-

blée électorale, et probablement toujours
dans les deux.

Et cette majorité absolue peut s'obtenir
dans trois ou quatre tours de scrutin, pour
toutes les nominations en masse, quel qu'en
puisse être le nombre, en présentant, après
le premier tour de scrutin, la liste ou
quadruple, ou triple, ou double des nominations à faire, et formant cette liste de
ceux qui auroient réuni le plus de suffrages dans le tour précédent.

Ces assemblées peu nombreuses, sans
motionneurs, sans *Sauveurs de patrie* don-
neroient toujours, en peu de tems, le
suffrage du Peuple.

Au surplus, sans tant de métaphisique,
que le Gouvernement soit sans autre in-
fluence dans une assemblée que pour y
maintenir la liberté individuelle ; que la
minorité n'y soit pas soutenue par l'autorité publique ; que chaque individu soit
rassuré de la crainte de vouer ses élus, de
se vouer lui-même à la proscription, par
son suffrage ; qu'il soit garanti que ceux

qui auront obtenu la majorité seront véritablement les dépositaires de l'autorité ; à moins que quelques monstres n'hésitent à présenter au peuple leurs figures hideuses du sceau de l'infamie, il n'y aura ni insoucians ni absens; alors les opérations seront bien simples.

*Tribunal de cassation.*

Les méditations, les discussions et l'opinion du Tribunal de cassation ne donneront point aux Législateurs l'opinion générale ; on n'entend pas, par opinion générale, les clameurs des sections, les hurlemens des clubs; on entend le suffrage de ce public particulier doué, par une étude principale, par une longue expérience sur-tout, des connoîssances nécessaires pour considérer, sous tous ses rapports, le chef-d'œuvre qu'il s'agit d'aprécier.

Le Tribunal de cassation siégera dans la Capitale, et ne prononcera pas sur la millième partie des questions qui s'agiteront sur le reste de la France : et les trois ou quatre mille Jurisconsultes et praticiens

qui seront chargés de développer les premiers cet énorme rouleau d'une jurisprudence neuve ; qui seront les premiers frois-
sés contre ce bloc, encore mat, au moins
encore hérissé. de la bavure de son moule,
dont on ne prétend pas qu'il sortira avec
le dernier poli, et une perfection qui ne
comporte aucun commentaire ; ces hommes d'expérience ne seront pour rien dans
la confection, dans la rédaction de ces milliers d'articles dont le Tribunal suprême
ne verra jamais l'application! Malheur au
plaideur qui l'invoquera au Tribunal de
cassation, sur la décision des Jurisconsultes, l'autorité des Commentateurs et l'opinion de la minorité d'une section.

### *Du projet de Code civil.*

L'effet de ce chef-d'œuvre ne se fait encore
sentir que comme un souffle léger qui agite
foiblement quelques feuillages, sur des troncs
et des ruines amoncelés par un ouragan
affreux. Il donne à tous le tems de respi-
rer, et n'est pour quelques esprits, lents à

revenir de leur effroi, que le présage de nouvelles catastrophes.

Il semble que ses auteurs ne seressentent en rien des secousses de la révolution : ils pèsent froidement les avantages des anciennes et des nouvelles institutions, comme si, au milieu de la contagion, ils eussent été seuls préservés de l'épidémie révolutionnaire. Ils ne proposent, pour ainsi dire, d'innovations que celles exigées par les progrès de la nation française dans sa civilisation. Le mérite de ces anciens collégues étoit connu : ils n'ont jamais dit, ils n'ont jamais cru que toute la nation française fut le groupe d'un faubourg de l'une des quarante mille communes de la France. Ils semblent même nous donner l'exemple d'oublier que nous avons été arrachés de nos chaises curules, où nous avoit placé le peuple de cent provinces ; que nous avons été remplacés et proscrits par des Législateurs qui vociféroient, dans la Tribune nationale, que ce groupe étoit le Peuple, et qu'il étoit *à l'apogée de la raison.*

Il

Il faut croire ceux là faits pour présen-
·ter le projet d'un Code , qui contrastent si
stoïquement avec ces novateurs délirans ,
ces destructeurs fanatiques , et commencent
leur pénible tâche par dire *qu'il faut être
sobre de nouveautés en matiere de législation , . . que les codes se font avec le tems,
qu'on ne les fait pas.*

Quand ce code aura reçu sa sanction ,
quand il sera le droit commun de la France,
il n'y aura pas, dans tous les Tribunaux,
dix procès de moins ; sur cent contestations , il ne sera pas ouvert dans dix ; et
lorsqu'il sera invoqué , ou l'une des parties
prétendra qu'il n'est pas applicable à l'espèce , ou chacune des deux soutiendra
qu'il s'interpréte en sa faveur.

On n'est presque jamais en difficulté sur les
principes, sur-tout jamais sur le texte de la
loi. Dans un dixième , au plus , de toutes
les affaires, il s'agira d'interpréter le code;
et dans les quatre-vingt-dix autres centièmes , il s'agira de prononcer sur des allé-
gations, des dénégations, des écrits con-

E

testés, mal conçus, ambigus, altérés, des circonstances particulieres, des preuves in-complettes, des nullités prétendues, des témoigrages réprouvés, des présomptions, des indices *etc.* Alors il faut, avec des codes, encore la connoissance des usages, des habitudes et du cœur humain ; car *ce seroit une erreur*, disent les auteurs du projet, *de penser qu'il pût exister un corps de lois qui eut d'avance pourvu à tous les cas possibles.* .... *Une foule de choses sont nécessairement abandonnées à l'empire de l'usage, à la discussion des hommes ins-truits, à l'arbitrage des Juges.*

Les redacteurs de ce projet ne se sont donc pas chargés, ils l'avouent eux-mêmes, *de la terrible tâche de ne rien abandonner à la décision du Juge.*

Il faut donc, comme ils le disent, des hommes instruits, des Juges qui *arbitrent.*

Ce code, pour se servir encore des ex-pressions de ses auteurs, n'est que la *Bous-sole* et la carte : mais toutes les difficultés qui s'élévent dans la société sont les grains, les tempêtes et les courants : il faut donc de plus le *compas*, le calcul, et la manœuvre sur-tout. Il faut donc un code de procédure ; et ce code de procédure est ce qu'il y a de plus intéressant dans l'ordre judiciaire, de plus difficile à rédiger ; il faut donc des hommes qui *arbitrent*; c'est ce qu'il y a de plus difficile à réunir.

Ce code ne fait qu'anticiper sur cette partie qui doit être séparée des tables où seront inscrites les régles de *Droit.*

Ce qui tient aux formalités, comme les *lettres de ratification*, *la saisie réelle*, *la vente forcée*, *la distribution* etc., dont il est question au liv. III, appartient à la quatrième partie de la procédure, c'est-à-dire, á *l'exécution.*

Tout ce qui tient aux moyens que le Juge peut, ou doit employer, pour découvrir la vérité, éclaircir la question de fait ou la question de droit, comme *la preuve testimoniale*, *la preuve littérale*, *la présomption*, *la confession*, *l'affirmation* etc., dont il est traité au même livre, appartient à la seconde partie de la procédure, c'est-à-dire, à *l'instruction* ; à moins que, quant á l'affirmation, le Législateur ne veuille, par une régle particuliere de droit étroit, dégager l'ordre social, sur-tout l'ordre judiciaire, de tout ce qui tient à la religion, ce qu'il y a raison de croire ; puisqu'au lieu de ce serment qui pouvoit être d'un grand secours au juge, contre une conscience flotante encore entre une moralité innée, après dix siécles d'usage, et une immoralité acquise par quelques jours d'un délire révolutionnaire, il n'est question que de *l'affirmation*. Mais alors cette formalité est inutile : tout individu qui demande, qui poursuit pour obtenir, qui insére, dans le premier acte d'une procédure, qu'une chose lui est due, affirme qu'elle lui est due ; et le défendeur en niant qu'il la doive, en soutenant, par écrit, qu'il ne doit pas la payer, affirme qu'il ne la doit pas. Ainsi l'affirmation *litis-décisoire*, ou *judiciaire* ne signifie rien. Si la partie qui deférera *l'affirma-*

*tion litis-décisoire*, ou le juge qui ordon-
nera *l'affirmation judiciaire*, peut en exiger la forme sacramentale, quel que soit
le Dieu de celui qui affirmera, pourquoi
changer le mot *serment*?

Que les novateurs qui n'ont vu la religion que sous les rapports de sa misticité
avec la prétendue maturité de la raison
humaine, sont de tristes politiques! Que
tous ces savans daignent donc s'abaisser au
niveau des neuf dixièmes de la France;
qu'ils s'éloignent de quelques lieues de
leurs instituts, de leurs lycées; qu'ils par-
courent, sans leurs livres, sans leurs cahiers, ces faubourgs, ces vastes campagnes, cette multitude de petites cités, de
hameaux peuplés de ces neuf dixièmes de
la nation, dont la force de l'habitude fait
toutes les facultés intellectuelles; qu'ils demandent même aux fameux athées de leur
façon, répandus dans cette majorité, combien l'industrie et le commerce ont souf-
fert de la suppression, de l'interdiction,
de la destruction, du changement subit

E 3

des noms, des jours de fêtes, des institutions religieuses, des assemblées, des
foires, des marchés *etc.* ; qu'ils daignent
souiller leur bouche de cette question à la
portée de ces esprits simples : « Combien
» dans vos hameaux étoit-il mis de numé-
» raire en circulation pour acheter des vê-
» temens, des objets de parure et d'agré-
» ment, et aller assister à vos cérémo-
» nies ridicules, célébrées dans une langue
» qui vous est inconnue ? Combien en étoit-
» il acheté ; combien étoit-il mis de numé-
» raire en circulation, pour aller entendre
» chanter dans vos temples décadaires ces
» hymnes pompeux, ces chansons tou-
» chantes, composées par les plus fameux
» membres de nos instituts, de nos lycées,
» pour *la fête du 31 mai* et de *la Sou-*
» *veraineté du Peuple* ? »

Considéreroient-ils comme un rébelle, le
villageois qui leur répondroit : « dans nos
» anciennes cérémonies, chaque jour de fête
» mettoit dehors toutes nos parures et notre
» numéraire, le faisoit circuler, dans les ma-

» nufactures, dans les ateliers, dans les
» magasins, pour nous réunir, dans nos
» cérémonies, ou aller participer à une
» allégresse commune. Chaque jour de vos
» fêtes étoit un jour de deuil. Frapés de
» vos lois *de suspects*, de spoliation, de
» destruction et de mort, nos magasins
» pillés et fermés, nos ateliers deserts, ou
» détruits, couverts de haillons, à l'imita-
» tion et aux ordres de vos satellites, de
» vos esclaves, nous entrions avec la même
» horreur dans vos *temples de la raison*,
» et dans vos bastilles; nous avions le
» même mépris pour vos athées et vos
» théophilantropes. »

« Quel est donc le juge compétent pour
» décider que celui qui s'obstine à conser-
» ver ses vieilles habitudes est plus fana-
» tique que celui qui s'obstine à les détruire?
» quel est donc le meilleur citoyen, du
» villageois qui, après avoir été utile à sa
» patrie, pendant six jours, va faire cir-
» culer son numéraire dans les manufac-
» tures, dans les magasins, et se contente,

» le septième, d'un jeu d'orgue pour se
» distraire de ses travaux, s'étourdir sur
» sa misère ; ou du citadin qui, après
» avoir été inutile au monde, pendant neuf
» jours, ne se contente pas, le dixième,
» de l'orchestre de son *Opéra* pour varier
» ses plaisirs? Quel est donc le plus in-
» sensé, de *l'esprit foible* qui se pare, sui-
» vant ses facultés, pour aller voir *le Dieu*
» qu'on lui fait descendre sur un autel,
» avec des paroles, ou de *l'esprit fort* qui
» se pare, suivant son opulence, pour
» aller voir *le Dieu* qu'on lui fait des-
» cendre sur un théâtre avec des cordes ? »

« Dans cette région inférieure de l'État,
» où vous nous réléguez, nous ne respi-
» rons que depuis que nous rétrogradons
» vers ces habitudes indéracinables, sur
» lesquelles votre maître vous a dit que
» l'amour de la patrie étoit fondé. Notre
» agriculture, notre industrie, notre com-
» merce ne se raniment, nos modestes pa-
» rures, notre numéraire, enfoui jusqu'à
» la dernière obole, ne reparoissent que

» depuis que le courage et la fortune *d'un*
» *seul* nous ont délivrés de cette horde de
» tyrans qui se ramifioit jusques dans nos
» campagnes, et de leurs vils supôts qui
» maintenant portent, sur leur front, le
» sceau de la réprobation, mais qui alors
» étoient trop affamés de brigandage, pour
» sentir qu'ils ne formoient que le misé-
» rable faisceau que ces usurpateurs in-
» quiets agitoient sans cesse, pour éfarou-
» cher l'opinion publique, répandre la ter-
» reur, bannir la vertu, écraser le mérite,
» animer le feu de la discorde. Ils étoient
» trop altérés de sang pour voir qu'ils n'a-
» voient pas d'autres attributs qu'une poignée
» de verges dans les mains de ces ambitieux
» du premier rang qui les ont rejettées et
» replongées dans la boue, aussitôt que
» les uns ont eu satisfait leur ambition,
» et les autres reçu leur châtiment, pour leurs
» attentats contre une autorité que la France
» tremble de leur voir ressaisir, et qui cepen-
» dant ne s'est encore décidée qu'àles montrer
» au peuple muselés, et non pas exterminés. »

On fait des codes , loin de cette classe de la société ; on veut toujours combattre loin d'elle, avec ces lois, les élémens du crime, de la mauvaise foi et de l'erreur dont elle est presque seule victime ; et tous ces élémens ne sont que ces nouvelles institutions mêmes. Elle les voit se combiner, sous ses yeux , dans le bouleversement général. N'a-t-elle pas vu une génération entière destinée , par les lois de la nature même qui subordonne le foible au fort , à vivre plus ou moins chétivement , en maniant , du matin au soir , la navette ou la charue , la plume ou le compas , laisser deserts les ateliers , les campagnes, les écoles , fermer les magasins vidés , pillés par l'effet des nouvelles lois , pour aller satisfaire dans les armées , dans les colonnes mobiles , dans les corps de garde , aux lois de réquisition , de conscription ; ou , pour s'y soustraire , se cacher dans les forêts , divaguer sur les routes ; perdre , dans les armées , dans les corps de troupes réglées , ou dans les bandes indisciplinées

de brigands, l'habitude de cette vie fru-
gale et laborieuse ; contracter celle de ne
subsister que de contributions , de réqui-
sitions , de pillages , de vols , de brigan-
dages , d'assassinats ? N'a-t-elle pas vu join-
dre à ce desordre la doctrine la plus favo-
rable au crime , effet inévitable de ces
prédications de clubs contre toute espèce
de _religion_ , par conséquent de moralité ,
vociférées par d'impudens philosophistes qui
cherchoient dans ses rebuts disposés à la
dévastation , par l'ignorance et la misère ,
des supôts , et non pas des sectateurs ; et
détruisoient dans l'esprit de cette canaille,
pour se servir de l'expression de *Rousseau*,
le respect naturel pour des institutions
qu'un prestige , aussi vieux que la race
humaine , avoit rendues sacrées ?

Les manœuvres ignorans de la révolution ne sentoient pas que les aboyeurs
du premier rang , que ces prédicants sacri-
lèges vouloient être les seules idoles de
vandales stupides qui se croyoient des opinions politiques et le mérite d'être apostats,

parce qu'on leur faisoit accroire aisément
que l'amour de la patrie consistoit dans
la profanation des objets du culte antique
de leurs concitoyens, de leurs peres : ils
se croyoient athées, souverains, en écra-
sant, sous leurs pieds, ces images révérées
par cent peuples, et par deux mille ans
d'habitude.

Et c'est dans ce moment de corruption
de la morale publique, de dissolution générale, que l'administration se désorga-
nise dans toutes ses parties, au point que
le numéraire sorti de ces magasins, de
ces comptoirs pillés, pour aller enrichir
les *Sauveurs de la partie*, sur-tout ses ennemis du dehors, paralysé, mais devenu la
seule relique vénérable pour une race dé-
moralisée, est enchassé sur des voitures et
parcourt toutes les routes, des extrémités
de la République à la Capitale, pour être
de suite voituré de la Capitale aux mêmes
extrémités d'où il est parti ; comme si chaque pièce de monnoye ne recevoit sa vertu
que de l'attouchement du trésor public ;

et devoit à la caisse de la Capitale un pélerinage pour lequel il fallût entretenir des armées, des caravannes. Ce sont les nouvelles lois qui multiplient les brigands, et qui, en même tems, mettent sur toutes les routes l'apât du brigandage.

D'un autre côté, c'est l'agioteur qui spécule sur ces frais de transport, sur le change, sur l'altération des monnoyes, sur la faveur ou la défaveur de chaque pièce ancienne ou nouvelle, sur l'intérêt, les risques du déplacement, sur les retards; et fait de son bureau, ou de la *Bourse*, à la fortune publique, une guerre aussi desastreuse que celle du brigand armé.

Dans l'ancien ordre de choses, le numéraire se versoit au trésor public, par une merveilleuse fiction qui avoit l'avantage de le laisser circuler dans les manufactures, sans l'exposer sur les routes à l'irruption des brigands, et d'épargner les frais et les embarras des transports; tandis que toute cette génération sous les armes, la moitié entretenue et soldée par le trésor public, pour contenir l'autre partie , aussi armée contre la fortune publique , subissoit paisiblement sa destinée , dans les ateliers, les campagnes , les écoles.

On médite les mesures de sûreté , on minute les codes , on multiplie les lois, pour soutenir les nouvelles institutions. On met les troupes en mouvement, en station ; on place , on déplace , on fait escorter les convois. Mais des légions à cheval ne peuvent manœuvrer contre des brigands dans les fossés , les ravins , les roches, les bois, les broussailles que le Législateur ne découvre pas, même avec son télescope, du fond de son cabinet. On change , on réforme, on prend d'autres mesures ; on fait marcher les légions à pied : mais les colonnes chargées de leurs munitions, de leurs armures, réduites à faire deux ou trois myriamètres, par jour, ne peuvent garder la portiere d'une voiture dont on ne fait les frais que pour en faire douze ou quinze. On change encore, on prend de nouvelles mesures ; on réforme les vices des premieres : on empaquete toute la caravanne sur l'impériale ; alors le voyageur qui paye les frais de voiture pour faire ses affaires et marcher rapidement, se donne de garde de s'enfermer dans un bastion, où il sera obligé de soutenir un siége, les armes à la main, ou les bras croisés, pendant que l'escorte, à qui la loi défend de capituler, brule ses *vingt* cartouches sur sa botte de paille, et manœuvre dans un pannier.

Le brigand chargé de dépouilles, ou mis en déroute, rencontre par-tout un asyle, en prenant l'idiome, ou le signe de raliement du parti oú il est pressé de le trouver. C'est la fortune publique qu'il a sauvée du brigandage des *bleus*. « Ce sont » des acquéreurs, gorgés des biens de nos » Eglises et du sang de leurs ministres, que » nous avons châtiés, par une inspiration » divine, » dit-il, à la devote qui croit réellement mériter le ciel, en sauvant un prêtre réfractaire. « C'est un aristocrate incor-» gible, un conspirateur égoïste que nous

» avons puni de refuser à la patrie le su-
» perflu de ses richesses , » dit-il, à l'im-
bécile qui se croit des opinions politiques,
et que le brigand connoit pour être machinalement ou méchamment associé aux
*artisans du bonheur commun.* Muni ou dé-
muni de passe-ports , il trouve par-tout un
réfuge ; et l'escroc soupçonné , dans le
tems que l'usage des passe-ports étoit inu-
sité , presque inconnu , eut-il été chargé
de passe-ports , ne trouvoit d'asile nulle
part.

Les brigades armées secondent la solli-
citude du Gouvernement. Les chefs dé-
ployent une intelligence admirable : les subordonnés montrent un zèle , une activité,
un courage infatigables. Ils veillent, ils
épient, ils marchent jour et nuit; ils dé-
couvrent les repaires, ils luttent contre
l'esprit de tous les partis ; ils assiégent,
ils débusquent, ils bravent la mort, ils
combattent, ils arrêtent les coupables, les
complices. Des Magistrats intégres, instruits, consacrent leurs jours, leurs veilles,

saisissent

saisissent les trames , démêlent , entre les mains des divers partis , tous les fils qui y passent rapidement , s'y mêlent, s'y brisent. Les gazettes les prônent ; les gouvernans les *mentionnent honorablement.* Des Jurés ignorans, insouciants, timides , complaisans, matés , ne sachant point, et ne voulant point savoir ce que c'est qu'un Jury d'accusation ou de jugement , acquittent , accusent , condamnent à tort et à travers. Le prévenu coupable d'une faute est ruiné , diffamé ; le brigand rentre dans la société avec ses anciennes affections , et de plus , l'audace de l'impunité , le sentiment de la vengeance contre des dénonciateurs , des témoins , des officiers , des magistrats : devenu plus fort par l'exemple de son triomphe , il recrute plus aisément ; il dérisionne l'autorité , il reporte l'épouvante dans la contrée, en rapportant des maisons d'arrêts , l'acquisition qu'il y a faite des rubriques d'autres brigands , des connoissances avec d'anciennes ou de nouvelles bandes , de la ruse dans l'instruction

F

criminelle, et de l'adresse de s'évader des cachots.

Dans l'ancienne Jurisprudence, on citoit, dans un siécle, un exemple de l'erreur affreuse d'un Tribunal. Dans la nouvelle, on éprouve chaque jour, les dangereux résultats de l'ignorance et de l'incapacité des Jurés. On a cru qu'une réunion d'hommes de tous états, occupés de leurs affaires, de leurs opinions, ne sachant ni lire ni écrire, choisis par un manouvrier, concluroit plus justement, dans quelques minutes, sur une procédure volumineuse, que des Magistrats qui réuniroient aux renseignemens particuliers acquis par une longue instruction, quarante ans d'étude et la connoissance de la constitution morale de ces rebuts de la société, que les jurés acquitent, parce qu'ils se croyent réduits à l'alternative de les rendre à la liberté ou de les envoyer à l'échafaud, ne daignant pas seulement prendre la peine de distinguer le jury d'accusation du jury de jugement.

Si *Calas*, accusé par la populace fanatique qui força les magistrats de faire le
procès de ce protestant, eut été jugé par
douze ou quinze jurés catholiques, est-il bien
sûr qu'il eut été mieux traité ? Ce jury
auroit-il été composé des *Beaumont*, des
*Loiseau*, des *Mariette*, des *Voltaire*, de
*cinquante maîtres des requêtes* ? Auroit-il
eu trois ans à méditer sur la procédure ?

Au moins si ces jurés étoient nommés
par le peuple, et qu'ils eussent à prendre
un parti mitoyen, ce qui seroit aisé, en
leur donnant trois boules, au lieu de deux,
alors, le résultat de l'institution seroit
moins bizare et moins dangereux.

On déplace de la capitale un grand fonctionnaire ; le Gouvernement l'envoye examiner, par lui-même, l'administration, les
tribunaux, l'esprit public. Il marche en
grand apareil, au milieu d'une légion qui
dérobe tout à sa vue jusqu'à la stucture
hideuse de la chaumiere du pauvre. Il ne
sort du centre de son cortège, que pour
s'ensevelir dans des liasses entassées par des

commis payés pour garnir des bureaux, et à qui il est indifférent de mettre en prose, en vers, ou en musique, leurs rêves et ceux de leurs chefs. Les membres des autorités, ou les convives, réunis autour de sa personne, lui donnent l'échantillon d'un esprit public excellent ; les secrétaires empaquetent les observations, les apostilles, vont les empiler dans les bureaux de la capitale ; et les gazettes annoncent le nombre des coups de canon tirés, et les *toqsts* portés à la prospérité de la République. Voilà les matériaux des lois.

Il faudroit qu'il put faire son entrée accompagné seulement du misérable habitant de la campagne conduisant les boissons, les combustibles, les matériaux, les fourrages ou comestibles qu'il va vendre ou livrer, pour payer son impôt ; qu'il le vît arrêté à une première barrière et reprocher à une troupe de commis de lui avoir déjà fait payer, en droits de *passe*, le prix entier des trois ou quatre haridelles qui l'aident à écorcher le champ sur lequel

languissent sa famille et ses bestiaux ; qu'il
le vît encore arrêté quatre pas plus loin,
à une seconde barrière, et tirer de sá
poche, pour un octroi de bienfaisance,
son dernier sou, ne sachant pas plus cé
qu'on veut lui rabacher, par décimes et
centimes, que par *hectolitres* de boissons,
*myriagrammes* de grains, *ares* dè terre;
et *steres* de bois *etc.* ; aller s'expliquer à
d'autres bureaux, avec d autres commis, ou
garnisaires, pour sa contribution foncière,
mobiliaire, les portes et fenêtres, là pa-
tente *etc.* Il faudroit qu'il le suivît au tribunal, où il plaide pour d x francs, somme
totále où restaht d'un marché de denrées.

« Ces pitoyables affaires méritent-elles mon
» attention, » diroit le fonctionnaire absorbé
dans les grands intérêts dè l'État ; à et
» ma présence à ces débats n'y comprò-
» mettroit-elle pas là dignité de mes fonc-
» tions ? L'objet de ces misérables discus-
» sions n'est pas de la valeur de la basáque
» de mon Jockey. » Citoyen Conseiller
d'État, « diroit le premier des assistans,

qui auroit entendu cette courte et juste réfle-
xion, « ce membre du Souverain, comme
» vous, ne plaide plus pour dix francs ; il y a
» cinquante francs de frais : en perdant son
» procès, il est dans une position plus
» affreuse que ne sera celle du fournisseur
» dont la réclamation vous paroît si inté-
» ressante, vous occupe si sérieusement et
» depuis si long-tems, lors même que ce
» fournisseur vous reprochera de lui avoir
» fait perdre, ou de lui ôter le moyen de
» gagner un million.

» Voyez cette instruction à l'audience de
» la police correctionnelle, ces dossiers con-
» tenant *les plaintes, les rapports ,les or-*
» *donnances, les citations, les assigna-*
» *tions, les dépositions, les informations,*
» *les états, les taxes, les mandats d'ar-*
» *rêts, les écrous, les conclusions etc.*
» Ecoutez ces nouveaux interrogatoires, ces
» quinze à vingt témoins, ces plaidoyers :
» il y a pour deux cents francs de frais ;
» l'objet de tant de poursuites et de dé-
» bats est de cinq décimes. Si le malheu-

» reux perd son procès, il est condamné
» à l'amende, aux dépens : il proteste qu'il
» n'a pas vingt-quatre sous : il sera con-
» duit dans les prisons : le trésor national
» payera les frais et sa nourriture. Demain
» sa femme et ses enfans entoureront votre
» berline pour vous demander du pain ;
» et dans un mois, le pere, sorti nu de
» ses cachots, dépouillé du reste de sa
» moralité, se rendra aux instigations de
» prendre part au butin à faire dans les *Dili-*
» *gences* et dans les campagnes. Il sera,
» suivant l'asile qu'il trouvera, *Royaliste*
» ou *Républicain* ; il pourra périr sur l'écha-
» faud, sans jamais avoir entendu parler
» ni de monarchie, ni de Comité de salut
» public, ni de Conseil d'Etat.

Si des Magistrats prudens trouvent dans
la forme ou dans le fond, dans la lettre
ou dans l'esprit de la loi, le moyen d'en
gazer l'ineptie, d'autres, par motif de division d'opinions politiques, par habitude
de controverse, par défaut d'accord et
d'union, par gloriole, par opiniatreté, par

tous les petits moyens futiles, indignes
d'un magistrat, impolitiques dans les circonstances, employerent toutes les arguties, sur *la forme* et sur *le fond*, pour
faire réformer le jugement par une nouvelle procédure qui en occasionnera ensuite une troisième, mais sur-tout des frais
énormes de transport, de voyages, d'écritures, d'expéditions, de copies *etc.* : et soit
que les brouillons insociables en viennent à
leur honneur, soit qu'ils échouent, soit que
les juges d'apel y mettent de l'impassibi-
lité, soit qu'ils y mettent de la partialité,
soit qu'ils approuvent, soit qu'ils réprouvent, soit qu'ils ridiculisent l'appel, soit
que le jugement soit infirmé ou qu'il soit
confirmé, les frais seront toujours à la
charge du trésor public, affecté et hypo-
théqué aux calculs, aux manœuvres et aux
passions de tous les agens du Gouvernement.

Dans l'ancienne procédure, le malheureux auroit été poursuivi pour trente sous,
condamné sans frais à payer dix sous de

capital, dix francs d'amende ; il auroit emprunté dans dix bourses ; il auroit payé dans dix mois, continué à faire végéter sa famille, redoublé d'activité, auroit donné un exemple suffisant ; il auroit échappé à cette maxime : *l'oisiveté est la mere de tous les vices*, et à celle-ci : *le crime est bien près de la misère.*

Que l'observateur voye porter encore à une audience de police correctionnelle, toutes ces ordures que les nouveaux législateurs, chatouilleux sur le chapitre des mœurs publiques, ont bien prévues et modestement caractérisées sous le nom *d'outrage à la pudeur etc.* ; qu'il considére ces chastes personnages dont la loi donne le spectacle, comme formalité essentielle ; qu'il écoute les sincères déclarations *publiques* des parties, les naïves dépositions *publiques* des témoins, les décentes déclama-tions *publiques* des défenseurs. Il aura le plaisir de voir tout ce qu'il y a d'immonde dans la société, se porter en foule à ces édifiantes plaidoiries, la jeunesse en sortir bien pénétrée des sages leçons des organes de la loi, en faire son profit sur tous les carrefours; il pourra juger combien la morale publique a profité de l'institution de cette procédure amphibie ; et comme la vertu a été bien abritée, sous l'égide des modernes *Solons* qui se sont tant occupés d'éducation publique, et en ont si bien perfectionné le système.

S'il se transporte aux assemblées de jurés, il entendra dire par une autre assistant : « le prévenu s'en échappera ; il s'agit du » vol, de l'assassinat d'un homme persécuté, » ruiné par la révolution : le jury est com- » posé de *freres et amis*, ou influencé » par les *buveurs de sang* avec lesquels le » prévenu a fait ses armes, sous les dra- » peaux de *Robespierre* et de *Marat*. » Le prévenu *s'en tirera*, dira un autre assistant, dans une autre circonstance : « il » s'agit de l'assassinat d'un *Républicain*, » et le jury est composé de *ces Messieurs*; » il est influencé par les *agens de Pitt et* » *Cobourg*, par ces conspirateurs qui veu-

» *lent relever le trône, sur les cadavres des*
» *patriotes égorgés.* »

D'autres interlocuteurs ne manqueroient
pas, sans doute, d'ajouter : « ce sont là,
» Citoyen Commissaire , toutes les affaires
» que vous verrez dans nos tribunaux,
» depuis le 1er. vendemiaire jusqu'à la 5me.
» *Sansculotide* , avec une multitude de dis-
» cussions en *matiere civile* dont les sujets,
» les circonstances , les cas particuliers ,
» multipliés et variés à l'infini, n'ont pu
» être prévus ni décidés par le texte de
» la loi , par l'article d'un code; mais
» dans la majeure partie desquelles les
» frais , qui n'occupent guères le Législa-
» teur, excédent le principal, et sont énor-
» mes dans toutes. »

Le projet du code civil est peut-être ,
après la production du 18 brumaire 1799 ,
le fruit le plus agréable de la révolution ,
chacun de ses articles dût-il être critiqué
par la majorité des français. Cette critique
poura manifester une foule de volontés
partielles sur ses dispositions, mais la vo-

lonté générale se manifestera, sans doute,
pour le plan de l'ouvrage. Il sera agréable
en ce qu'il calme les convulsions de l'opinion révoltée par une législation anarchique
de dix années, et la négation de tous
principes. Il rassure la France tremblante
encore de la proposition d'un code, où
le droit public et le droit privé dévoient
être réunis et contenus dans ce seul article : *Tout sera égal, tout sera-commun
dans nos troupeaux ; le Comité de salut
public en aura la souveraine propriété.*

On le demande aux auteurs du projet
du code civil, à tous les législateurs de
la révolution, à chaque membre des autorités de 93 : si l'on eut mis en opposition avec l'expectative de la *loi agraire* et
avec le *maximum* qui en étoit le prélude,
le projet d'une *transaction entre le droit
écrit et le droit coutumier,* où l'on auroit
conservé, des *ordonnances royales, tout ce
qui tient à l'ordre essentiel des sociétés,
au maintien de la décence publique, à la
sûreté des patrimoines, à la prospérité*

*générale* ; ( ce sont les expressions des auteurs du projet ) se seroit-on contenté d'appliquer la loi *des suspects* contre les rédacteurs du projet de transaction ? Les jurés de salutaire institution auroient-ils hésité à déclarer, *dans leur âme et conscience*, la transaction contre-révolutionnaire, et les auteurs convaincus de conspiration contre la souveraineté du peuple, la liberté, l'égalité, la fraternité, l'unité, l'indivisibilité etc. ; et les magistrats organes de la loi auroient-ils balancé à prononcer *la mort* ? y auroit-il eu un gazetier qui eut critiqué l'arrêt ?

Néanmoins tous les articles de ce code peuvent-ils convenir également à tous les climats, aux divers peuples réunis à une nation déjà trop immense, ayant ses conquêtes, pour être aisément gouvernée par les regles particulieres d'un droit positif, même par les régles d'un *droit public particulier ?* L'habitant d'un climat rigoureux, qui passe sa vie à briser des rochers, à la lueur d'une lampe, dans les abîmes d'une mine, doit-il être assujéti aux mêmes régles de droit public et de droit privé que l'habitant du climat heureux, qui n'est occupé qu'à pincer quelques fils de soye dans son paradis terrestre? Cette question doit-elle être exclusivement décidée par quelques habitans d'une Capitale?

Il paroît étrange que ceux sur les habitudes, sur les intérêts par conséquent desquels on transige, ne soyent ni apelés ni consultés sur les articles de la transaction. De quel côté sont les sacrifices? est-ce du côté de l'habitant du pays de droit écrit? est-ce du côté de l'habitant du pays de droit coutumier? laquelle des coutumes aura la préférence? Pour s'établir juge des débats, il est raisonnable d'entendre toutes les parties.

*Des rapports de l'ordre judiciaire avec toutes les parties qui constituent l'ordre social.*

Faut-il que le Gouvernement déplace ses fonctionnaires pour s'assûrer, comme par ses yeux, de l'état des administrations,

des Tribunaux et de l'esprit public ? Fal-
loit-il dix années de guerre civile ; falloit-
il tant de sang humain pour faire l'expérience de la nécessité des rapports entre
l'ordre administratif, la morale publique,
l'opinion générale et l'ordre judiciaire ?

Ces quatre parties qui constituent l'ordre
social, isolés ou mal combinés, l'ordre
social est dissous ; l'un absent, les autres
ne sont plus susceptibles d'une combinaison efficace. On n'y supplée point avec
des livres. On ne rapproche point, avec
de pompeux discours, ces élémens divisés.
Tous ces chefs-d'œuvres de cabinets et de
tribunes ont bien été les agens les plus
actifs de la dissolution ; peuvent-ils être
les agens propres à la récomposition ? Ce
sont eux qui ont brisé tous ces liens qu'il
s'agit de renouer pour rattacher en société
trente millions de français divisés, sans
qu'il soit permis d'en excepter un seul,
d'en supposer un seul indifférent à tous
les partis, puisque l'un de ces partis a déclaré ennemi de la patrie, non seulement

l'habitué qui résistoit à la destruction; nôn seulement l'insouciant qui se soumettoit à l'innovation, mais le novateur même qui s'étoit jetté avec lui dans la carriere révolutionnaire, qui cependant ne vouloit ou ne pouvoit la parcourir sur la même ligne, ou qui marchoit de front, mais inspiroit de la jalousie par sa célébrité, par sa popularité. N'a-t-il pas créé le crime de *modérantisme* et poursuivi jusqu'à l'échafaud, comme *insoucians*, comme *modérés*, c'est-à-dire contre-révolutionnaires ou royalistes, n'a-t-il pas égorgé, et *patriotes de 89*, et *hommes du 14 juillet*, et *vainqueurs de la Bastille*, et *constitutionnels de 91*, et *membres des sociétés populaires*, et *assaillans des Thuileries*, et *côté gauche* de l'assemblée constituante, de l'assemblée législative, et *Montagne* de la Convention, et *tirannicides du 21 janvier*, et *Sauveurs de la patrie du 31 mai*, et destructeurs de châteaux, et fonctionnaires nommés par le peuple, et fonctionnaires *épurés* dans les clubs, et vendeurs et acquéreurs

de

de biens nationaux ? N'-a-t-il pas fait monter sur l'échafaud , comme complices du tyran , ceux même qui avoient fait expirer le tyran sur l'échafaud ?

Toutes les adresses, toutes les proclamations qui ont prêché la paix, la concorde , la fraternité , les banquets civiques, les réunions fraternelles , la réconciliation de tous les partis , ont-elles rapproché seulement deux individus ? les rédacteurs de ces morceaux d'eloquence , bien plus jaloux de la célébrité d'orateurs que du génie de législateurs , peuvent-ils se flatter d'avoir eu le talent de persuader , avec leurs argumens , et de réconcilier deux freres divisés d'opinions sur les innovations ? Y a-t-il un seul français qui après avoir parcouru tous ces placards , imprimés à si grands frais , en avoir admiré le style , soit allé donner le baiser fraternel au français qu'il avoit dénoncé , ou par lequel il avoit éte dénoncé ?

C'est avoir bien de la confiance dans le talent d'un rhéteur que de le croire en état de rapprocher , avec ses phrases , des

G

partis dont le fanatisme politique et religieux a inondé les quatre parties du monde
du sang de toutes leurs sectes. Il faut
avoir une bien foible idée d'une nation
pour croire qu'on peut assoupir les haines
aussi miraculeusement, et les réveiller si
aisément en signalant à la génération
actuelle , aux générations futures , les
bourreaux de tant d'innocens, les assassins des *Salle* , des *Rabaut*, des *Con-
dorcet* , des *Lavoisier* , des *Pethion* ,
*Brissot*, de ce qu'on appelloit *la Gironde*,
c'est-à-dire , des plus instruits , des plus
vertueux, des plus généreux défenseurs du
Peuple.

Ces boucheries sont le fait de la majorité ou de la minorité. Au premier cas,
à qui appartient-il d'accuser la nation,
comme *terroriste*, *anarchiste* ? Au second
cas, à qui appartient-il d'absoudre la minorité ? Où est l'acte d'absolution ? Pourquoi
ne pas décider solemnellement cette question éternelle ? pourquoi déchirer, en faveur
de la minorité , les pages de l'histoire ?

Comment peut-on entendre réconcilier des partis, sans leur présenter une transaction ? conserver à l'un ce qu'il a acquis, consoler l'autre, avec des mots, de ce qu'il a perdu, c'est dire, d'abord avec la confiance présomptueuse de la célébrité : *soyez de mon parti* ; et en définitif : *obéissez à la force* : c'est ce que *Rousseau* apelle un *précepte ironique, bon, mais superflu* ; il répond qu'il *ne sera jamais violé.*

Si les partis se taisent, c'est que les *réunisseurs* ne prêchent plus : si l'Etat est plus tranquille, c'est que les chefs sont moins inquiets : si la consternation n'est plus générale, c'est que le gouvernement n'est plus effaré : si le peuple paroît moins hideux, c'est qu'il est déchargé d'une partie de l'impôt le plus accablant, c'est-á-dire, des frais énormes et inutiles d'impression de toutes les exhortations, de toutes les menaces, de tous les rêves, de tous les monumens du délire et des fureurs des artisans de la félicité pu-

blique. Si la nation est sortie du tombeau,
c'est qu'elle a repris ses anciennes formes : si ses playes se cicatrisent, c'est
que ses nouveaux sauveurs ne s'évertuent
plus à la régénérer : si les portes des temples de la gaité se r'ouvrent, c'est que
les murs n'en sont plus couverts de placards, de promesses, et de sermens, des
mots *liberté, égalité*. Si les français ne
s'entr'égorgent plus, c'est qu'on ne voit
plus sur toutes les bannieres le mot fraternité : si le sang humain ne coule plus
à flots, c'est qu'on ne parle plus de phi-
lantropie : si le peuple mange du pain,
c'est que ses économistes ne font plus de
leurs clubs des gréniers d'abondance : si la
multitude revole au plaisir, après de lon-
gues privations, c'est que la nation n'est
plus enchaînée au pied des trétaux de ces
bateleurs qui vendoient si cher au peuple
leur antidote politique dont ils garantis-
soient, sur leurs parjures imprécations,
la merveilleuse propriété qui n'a eu d'autre
effet que d'endormir les uns, empoison-

ner les autres ; pendant que des Vampires
suçoient le sang d'une partie et se char-
goient des dépouilles de tous. Si l'espérance renaît, c'est que la minorité n'est
plus soutenue dans ses excès par les dépositaires de l'autorité : si le gouvernement qui les a remplacés , reçoit les bené-
dictions des quatre-vingt-dix-neuf centièmes de la nation, c'est parce qu'il reçoit
les malédictions d'une poignée de fiévreux
incurables qui ne voyent le salut de la
patrie, que dans *la patrie en danger ;* de
gouvernement, que dans un Comité de
salut public composé de leurs apôtres, ou
un Directoire usurpé par leurs maîtres ; le
suffrage du peuple , que dans la bouche
du canon d'allarme du 31 mai, ou du 18
fructidor.

Si la France rentre dans l'état social d'où
l'avoient fait sortir *les livres, les discours ,
les opinions , les raports , les discussions
publiques, les tribunes , les considérants,
les proclamations , les félicitations , les
manifestes, les déclarations , les adresses,*

G 3

*les dénonciations . . . quarante mille fabriques de lois ,* en activité , jour et nuit , suffisantes pour mettre l'anarchie sur tous les points de l'univers où elles pouroient parvenir , tous ses espaces , ses planettes et ses globes , ne fussent-ils pas peuplés d'Economistes , sur-tout d'Académiciens , c'est que la plupart de ces instrumens révolutionnaires ont été brisés par la force des circonstances , et qu'ils sont tous vermoulus par l'opinion.

L'ordre social ne se reconstitue que des anciennes institutions, quoique des raisons de politique, sans doute , en fassent changer les dénominations ; et le gouvernement se bénit en raison de sa marche rétrograde vers les *habitudes impossibles à déraciner ,* que le Patron de la révolution a recommandées avec tant de soin aux instituteurs de Gouvernemens.

Ne recommande-t-il pas à chaque page, et en propres expressions, d'avoir égard aux » lieux . . . , au climat . . . , au sol . . . , aux » mœurs . . . , au voisinage . . . , à l'éten-

» due . . ., à la population . . ., à tous les
» raports particuliers . ., aux coutumes . .,
» à l'antiquité des lois . . ., à l'ancienneté
» des usages . . ., à ces habitudes impossi-
» bles à déraciner, sur lesquelles est fondé
» l'amour de la patrie . . ., et sur-tout à
» l'opinion; partie, dit-il, inconnue á nos
» Politiques. »

Comment a-t-on donc pu faire l'apothéose
de ce Philosophe, en foulant aux pieds
sa doctrine et ses maximes, en proscrivant ses sectateurs?

» Pourquoi ce retour si lent, si misté-
rieux à ces *habitudes impossibles à déraciner?* « disent ces habitués qui n'ont jamais pu croire que tant d'innovations fussent dans le vœu de la majorité. On a
reconnu que les jours de fêtes, de cérémonies, de rassemblement, de marchés,
de foires *etc.*, dans l'ancien ordre de choses, avoient établi, dans les relations commerciales, pour l'agriculture, l'industrie,
le commerce, des convenances qu'il a été
impossible d'approprier aux innovations,

G 4

aux changemens auxquels le peuple a été obligé de se conformer, avant que ses instituteurs en eussent médité les résultats, et eussent consulté ses intérêts. On lui rend ses anciennes habitudes, ses jours de marchés, de foires, mais on ne prononce pas. le mot qui fait le mérite du retour. On lui rend la chose, mais on lui cache le nom; le moindre commis de l'administration sait pourtant que jamais le peuple ne fera usage de la chose sans se servir du nom; et qu'il ne parlera jamais de ses jours de réunion, de marchés, de traités, de ses époques de payement, sans prononcer les mots Dimanche .... lundi .... janvier ... carême ... Pâques ... la Pentecôte ... la mi-août ... St. Denis, *etc.*

C'est cet ancien idiôme qui révolte ces fonctionnaires placés dans l'administration, dans la magistrature comme des pièces de raport, mal ébauchées, qui parce qu'ils étoient lancés au travers de la machine politique comme par un tremblement de terre, ou l'éruption. d'un volcan, croyoient lui imprimer un mouvement durable, en fixer la pondération, pour l'éternité, en leur faveur, parce qu'ils en brisoient tous les anciens rouages avec fracas.

Tous ces nouveaux Magistrats qui font consister la République dans les mots, *Citoyen . . . décade . . . . vendemiaire . . . . kilogramme . . . .* dont le génie s'est dévelopé subitement, devenus célébres pour avoir écrasé sous leurs pieds, des statues dans un temple, volé le bien du riche dans un château, le bien du pauvre dans un hôpital, dénoncé l'homme de génie dans un club, et traîné le défenseur de la patrie à l'échafaud, qui voyent toujours le glaive de la vengeance suspendu sur leur tête, le retour de la royauté dans le mot *Dimanche*, et l'époque de leur châtiment dans les mots *Noel* ou *Pâques*, cherchent á en reculer l'époque, à en éfacer l'idée par des traductions ridicules et des actes faux.

Lorsqu'un de ces vingt millions de membres de la société, ou du souverain, à

qui il faudroit cent ans pour se familiariser avec les kilolitres et les kilogrammes
*etc.* fait ses marchés, ses traités, sa dé-
claration ou sa déposition devant une autorité, ou un officier, le fonctionnaire,
le magistrat qui s'obstineroit à le faire
articuler les nouveaux mots, seroit un
bourreau qui mettroit son patient à la
question, et un faussaire s'il attestoit que
le déclarant, le vendeur, l'acheteur, le
locateur, le conducteur, le prévenu, l'accusé, s'est servi des expressions portées
dans l'acte qui seroit un faux si révoltant
que le déclarant, ou la partie, ou le témoin, récolé dans sa déposition, atteste-
roit qu'il n'auroit pas dit un mot de ce
qu'elle contient, et qu'elle est rédigée
dans un langage qui lui est inconnu.

Quoi ! il a donné, pour époque, le *pri-
midi* ..., la *décade* ..., le mois de *ni-
vose*, pour objet de l'accord, du marché, du traité dont il est question ; pour
sujet du délit, du quasi-délit des *grammes*, des *litres*, des *mètres* ; pour prix,

des *décimes* , des *centimes* , il a indiqué son domicile à la *rue Lazare* , au *quartier Jean* ? ni lui, ni les parties dont il a parlé ne se sont servis de ces expressions; ils ont dit, en propres termes, *lundi* . . . , *janvier* . . . , *livres* . . . , *onces* , *pintes* . . . , *pieds* . . . , *pouces* . . . , *sous* . . , *deniers*.

Si un Muzulman, dans sa déposition , eut donné l'époque de son Ramazan , le magistrat catholique qui auroit écrit le *mercredi des cendres* , auroit inséré une absurdité , et commis un faux ; et le magistrat du peuple qui déclaroit suspect, et envoyoit à la bastille ou à l'échafaud le témoin qui indiquoit son domicile dans la rue *Saintonge* , parce que *les saints étoient suprimés* , étoit un tyran ; il cumuloit le faux , la bêtise et la cruauté dans son acte , en écrivant que le conspirateur demeuroit dans la rue *Onge*.

Il a fallu soixante ans au malheureux pour apprendre à compter jusqu'à soixante sous ; il lui faudroit soixante siécles pour

se familiariser avec les myria . . . les kilo . . .
les hecto . . . les déca . . . des grands hommes du Comité d'instruction publique de la
Convention nationale de france : il ne sait ni
lire ni écrire, on veut qu'il apprenne le
grec, à la simple lecture de la loi, et dans
le tems de la promulgation faite par un
magistrat qui ne sait que la bégayer. Il
croit qu'il faut être sorcier pour deviner
avec un morceau de craye, ou le bout de
l'aile de son oye, combien il y a de centimes ou de décimes dans un *louis d'or*;
peut-on lui faire un crime de croire aux
miracles de ses apôtres, attestés par les
écritures ? Y voit-on des phénomènes aussi
étonnans que ceux attestés par les apôtres
de la révolution, par les philosophes du
siécle le plus éclairé, par les restaurateurs
du *temple de la raison ?* N'avons-nous pas
vu un acte d'une autorité constituée par
tous ces savans, certifier un phénomène
bien plus frapant que la taille du géant
qui se fit créver les yeux par un aprenti
roi d'Israël, et que la force de l'Hébreu

qui tua lui seul mille philistins avec une machoire d'âne ? N'avons-nous pas vu un passe-port, tout farci des nouveaux mots de nos savans instituteurs attester, avec le mot *mètre* et toutes ses subtiles combinaisons, que le français qui en étoit muni avoit douze lieues de hauteur ?

La postérité qui croira, ou ne croira pas aux écritures, verra que la bible et la légende, avec leur Samson, leur Goliath, et leur Christophe, n'ont fait que des nains en comparaison de la philosophie du dix-huitième siécle.

Les savans des siécles futurs chercheront peut-être aussi des montagnes baptisées par les grecs et les romains, des ruines de temples de la raison dans des communes de la france où il n'y aura jamais eu d'autres édifices, d'autres monumens, d'autres élévations que des huttes de charbonnier et des fouilles de taupe. Les archives de la République leur indiqueront dans quelques égouts les reliques des *Brutus* et des *Aristides*. La génération actuelle même

ne pourra-t-elle pas trouver quelques traités pour de vastes forêts entre des buche-
rons qui à présent n'entendent parler que
de quelques fagots ? Le journalier qui croit
vendre aujourd'hui quelques toises de bruyè-
res se trouvera, à force d'esprit, avoir
aliéné des provinces : et le moderne savant
lui-même ne pourra peut-être pas trouver,
dans cinquante ans, son extrait de naissance ; il ne saura dans quelle rue chercher la maison de son pere.

Pour faire adopter des nouveautés il ne
suffit pas de démontrer qu'elles sont le
fruit des méditations des savans. Il est
encore des considérations qui ne doivent
point échapper au génie du législateur.
D'abord, il ne faut pas qu'elles ayent été
présentées par des autorités haïes et mépri-
sées, elles n'inspirent que l'indifférence
ou l'effroi : si elles servent de prétexte aux
supôts de la tyrannie pour persécuter leurs
concitoyens et tenir, comme les satellites
de *César,* toujours le poignard levé sur
eux, elles se confondent avec tous les

actes de leur ignorance et de leur cruauté. Il ne faut pas non plus qu'elles soyent au-dessus des facultés de la multitude, et soutenues par des lois prohibitives et coercitives, par des formes acerbes, en opposition avec l'intérêt général, ou qui troublent l'opinion publique et rompent la communication nécessaire entre la génération qui passe et celle qui la remplace.

Dans l'ancien régime, si les mots *grammes*, *mètres*, *litres* se fussent introduits à la Cour, chaque gentilhomme auroit voulu prendre le langage des grands; avec ces nouveaux mots, chaque magistrat auroit cru vieillir ses parchemins, chaque bourgeois se mettre à la mode, il auroit été singé par le marchand, l'artisan auroit voulu être aussi savant que le boutiquier : et si le Gouvernement eut fait défenses d'employer ce baragouinage du bon ton dans les actes publics, les mots n'en auroient été que plus familiers dans la conversation.

Il semble que le peuple veuille dérober

les innovations ; alors il faut que le législateur lui escamote ses habitudes. La pro-
hibition suggére l'appétence, la coercition
inspire le dégoût. Le premier homme n'a
posé le pied sur la terre qu'avec cette
infirmité dont il a affligé sa malheureuse
race. Les productions du Paradis terrestre
étoient-elles plus ou moins précieuses que
les productions du génie révolutionnaire ?
Le créateur obligé de le chasser du séjour
des délices, pour avoir dévoré le fruit
defendu, auroit toujours été obligé de le
chasser, s'il lui en avoit prescrit l'usage :
le décret impératif auroit rendu trop amer
à la créature, le fruit que le décret prohi-
bitif lui faisoit croire si savoureux.

Il ne faut donc point s'aheurter contre
les anciennes institutions qui coordonnoient
toutes les parties dans l'ordre social, et pour
de nouvelles qui les desordonnent toutes,
même en innovant dans une seule.

Si pour faire rentrer la même somme
au trésor, et pour l'en faire sortir, il en
coûte, dans le nouvel ordre administratif,
un

un millième de plus qu'auparavant ; si pour faire le même acte de justice, dans le nouvel ordre judiciaire, il est écrit aussi dix lignes de plus que dans l'ancien, ce sont deux abus dont il faut se dégager, qu'importe le nom de l'administrateur, du magistrat ou de l'acte ? S'il n'est de moyen agréable à la majorité que de se reporter aux vieilles habitudes, il faut le déclarer avec franchise, rétrograder avec courage.

Il faut renoncer à toutes ces institutions systématiques, à ces calculs hypothétiques, que les vérités éternelles et l'expérience démentent et réprouvent. Tout se juge par comparaison. Combien un territoire produit-il de déniers au fisc ; combien le recouvrement entraine-t-il de réclamations et de dépenses ? combien produisoit-il ? combien coûtoit-il dans l'ancien ordre administratif ? Combien l'instruction d'une procédure civile opére-t-elle aujourd'hui de frais, combien en auroit-elle opéré avec les anciennes institutions ? combien a-t-il été dissipé des déniers publics pour des

H

instructions frivoles, des nullités prétendues, des apels déraisonnables, des jugemens ridicules? combien de procédures
annulées, recommencées pour l'omission
d'une syllabe, la transposition d'un pré-
nom, l'oubli d'un cachet? Combien dans
l'ancienne jurisprudence en étoit-il dissipé?
combien étoit-il déclaré de procédures nulles? Combien dans la nouvelle jurisprudence de coupables absous? combien d'innocens sacrifiés dans dix ans? combien
compteroit-on de ces abus, de ces horreurs, pendant plus d'un siécle, avec les
régles des anciens codes?

Les grâces, les faveurs, les grades, les
emplois ne s'accordent-ils plus qu'au mérite? Est-ce le peuple, comme le dit Rousseau, qui donne à présent les *chaires*,
les *ambassades*, les *pensions*? Ne parle-
t-on plus d'amis, de protection, de recom-
mandation pour obtenir une décision, un
jugement, dans l'ordre administratif comme
dans l'ordre judiciaire? et le juge qui a
sollicité dans les bureaux pour devenir

Magistrat salarié, est-il plus garanti de la corruption que le juge qui auroit vanté sa naissance et sacrifié sa fortune, pour tenir à un corps dont l'esprit soumettoit chaque membre à une juridiction à laquelle il n'y avoit pas à se soustraire? il n'y a jamais eu à décliner le tribunal de l'opinion : les philosophes novateurs n'ont appris qu'à le braver.

Quel ordre administratif, quel ordre judiciaire sur-tout, peut-il y avoir dans un Etat où, si l'on peut suposer quelques vues, quelques plans aux législateurs, l'anarchie a été mise en principes ; où les lois sans nombre, les magistrats sans lumieres, les tribunaux d'un accès impossible par les frais, d'une issue introuvable par les formes ; la confiance et le crédit détruits ; le numéraire, les productions du sol, de l'industrie, du génie sans raport entr'eux ; l'intérêt légal et le taux de l'argent sans harmonie ; nul ne se reconnoissant débiteur, chacun craignant de devenir créancier, toutes les opérations sont subordonnées à la ruse, à l'agiotage, à la crainte, à la terreur, fuyent les regards de l'autorité qui devroit les protéger, se consomment dans les ténébres ; où chacun dérobe à l'inspection, aux recherches du fisc jusqu'á la moindre trace de ses relations ; où toute la circulation de l'or et de l'argent monnoyé, tout le commerce sont concentrés dans des *maisons de jeu*, dans des *maisons de prêt*, dans ces gouffres ouverts, ou tolérés par le gouvernement, entrainé lui-même dans le débordement universel avec les décrets innombrables de ses législateurs, avec ses mesures sévères qui ne sont jamais qu'une digue illusoire contre l'opinion publique, contre la volonté générale, malgré leur rigueur que *Rousseau* nomme *la ressource des petits génies* ?

» Mais, » diront ces novateurs fanatiques, ces persécuteurs intolérans, » veut-on rap-» peller les moines, les nobles, le fana-» tisme, la royauté, la tyrannie ? . . . . » Misérables ! ajoutez les Comités de surveillance, les *suspects*, les armées, les tribunaux révolutionnaires; car il faut croire, pour ne pas se livrér au desespoir, que ces jouissances délicieuses, objets de vos regrets éternels, sont aussi. de l'ancien régime.

« Est-ce nous, « diront ces vingt-cinq millions de français qui peuplent les faubourgs et les campagnes, » est-ce nous qui scandalisions la terre par nos disputes sur *la grace efficace,* sur *la grace sufisante* ... sur le *concours concomitant* ... »

« Est-ce nous qui discutions dans les clubs et les tribunes sur l'hérédité du trône ou la souveraineté du peuple ; qui vociférions les sermens de fidélité au Roi, ou de haine à la royauté, de vengeance contre les peuples ou leurs chefs ? Connoissons-nous mieux le *Congruisme* des novateurs dans les dogmes religieux, que le *Fédéralisme* des novateurs dans les dogmes politiques ? la crosse étoit-elle pour nous une arme plus redoutable, dans les mains d'une Abbesse, que la pique dans celles

d'une *sœur de la société fraternelle révolutionnaire ?* le *livre Rouge* nous a - t - il
coûté plus cher que le *Grand livre ?* et le
Cimier d'un Baron étoit-il plus l'emblême
de la tyrannie que le bonnet rouge d'un
Jacobin ? »

» Lequel du fanatisme religieux ou du fanatisme politique a fait couler plus de
larmes et plus de sang ? »

» C'est pour nous, c'est en notre nom,
c'est toujours au nom de vingt-cinq millions de français, que vous parlez, que vous
agissez. C'est pour nous, sans doute,
que vous avez recueilli et que vous avez
conservé le fruit de toutes ces innovations,
de tous ces changemens salutaires ? Démon-
trez-nous donc que nous l'avons partagé
avec vous. C'est pour nous que vous avez
fait crier, d'un bout à l'autre de la france :
*guerre aux châteaux ; paix aux chamiè-
res.* Que sont devenus ces châteaux ? en
avons-nous partagé les décombres, les matériaux, les cendres; nos chaumières sont-
elles bâties sur leurs emplacemens ? sont-

ils encore possédés par des riches? mais en partagent-ils à présent, avec nous, les revenus, le produit ? »

» Que sont devenus ces palais, ces asiles des riches ? Ils ne se bâtissent donc plus, ils ne s'embellissent donc plus, comme auparavant, de la sueur du peuple ? On a découvert de nouvelles mines d'où se tire maintenant l'or qui en paye l'architecture, la sculpture, la peinture, la dorure ? »

» On ne puise plus, au trésor public, comme auparavant ? Et l'habitant des chaumieres n'y verse plus, comme du tems des châteaux, le fruit de son travail ? »

» Que sont devenus les asiles du pauvre ? Le pauvre avoit-il d'autres asiles, d'autres propriétés que ses ateliers, ses temples et ses hôpitaux ? que sont devenus ses ateliers où il trouvoit la subsistance de sa famille ? En les brulant, les destructeurs de châteaux déclaroient hautement que jamais feu de joye ne leur avoit tant fait de plaisir. Que sont devenus les tem-

H 4

ples où le pauvre trouvoit, dans ses jouissances ascétiques, la consolation de sa
misére, la perspective de la véritable égalité ? Le Mage qui ne lui promettoit cette
égalité que pour l'autre vie, étoit-il plus
fourbe que le Renégat; qui en se repro-
chant *trente ans de scélératesse*, lui ju-
roit, pour lui soutirer son dernier sou,
de lui donner des marcs d'or et d'argent
pour des grains de papier, et de faire de
la france le Paradis terrestre ? »

» Que sont devenus les hôpitaux où il
trouvoit des secours, des soulagemens, des
médicamens, son seul, son dernier asile ?
Sans le courage de quelques administra-
teurs que vous avez déclarés aristocrates
et conspirateurs, qui ont bravé vos persé-
cutions, vos poignards, vos échafauds,
pour sauver quelques débris de la proprieté du pauvre, le pauvre réduit à pleu-
rer, à périr de misére sur les décombres
de ses asiles, ne trouveroit pas chez vous,
pas en france, un grabat sur lequel il put
rendre son dernier soupir. »

Que pour fixer l'opinion , il soit ouvert dans chaque commune un registre á deux colonnes , sur l'une desquelles chaque français soit tenu d'aller articuler les sacrifices qu'il a faits , le préjudice qu'il a éprouvé ou l'avantage qu'il a retiré de toutes les innovations ; que celui qui dédaignera de s'y inscrire , soit réputé indiférent à ces chimères ; que le résultat du calcul, gravé sur le mur de chaque temple décadaire , accuse ou les détracteurs ou les prôneurs de toutes ces merveilles.

Voilà le premier moyen de relever l'esprit public , de constater la volonté générale , et de parvenir à rétablir l'ordre administratif et l'ordre judiciaire.

### De la nouvelle procédure.

Il falloit , pour remettre en raport toutes les parties de l'ordre politique , une premiere transaction entre les deux penchants de l'homme , qui , toujours en opposition dans les innovations , rendent inaccessibles tous les points de vue des novateurs. Il falloit, et il faut encore, combiner sagement les deux forces opposées qui entrainent l'homme tour-à tour : *l'attrait de la nouveauté, et la force de l'habitude : toutes les révolutions*, dit M. Ségur, *qu'on a vues soutenues et consacrées par l'opinion publique, ont été celles où l'on a satisfait l'un de ces penchants en ménageant habilement l'autre.*

Il falloit donc une premiere transaction avant celle proposée par les auteurs du projet de Code civil, ou plutôt celle-ci n'en devoit être qu'un chapitre, et faire un autre chapitre des régles de procédure et d'instruction.

Il ne s'agiroit point, dans celui-ci, d'accorder une partie des français divisés par une jurisprudence particuliere, avec une autre partie, en rendant communs à tous, les articles de l'une ou de l'autre coutume. La jurisprudence sur la procédure étoit commune à toute la france. Il s'agiroit seulement de transiger entre cette ancienne jurisprudence et les nouvelles formes. Le

Gouvernement a déjà ébauché cette transaction dans un article, par son arrêté du 8 fructidor an 8.

Il seroit à desirer qu'il en eut fait autant pour la procédure criminelle, par la loi du 7 pluviose ; et qu'il les eut sur-tout débarassées l'une et l'autre de ces nouvelles formes qui les défigurent bien autrement que les abus dont cent ans d'expérience rendoient la réforme facile.

Les modifications aportées sans retenue à la procédure ne sont surement pas toutes à réprouver. On ne croit pas que tous les Jurisconsultes réunis s'entendissent pour rapeller l'abus de dépouiller un tribunal par un appel d'un jugement interlocutoire ou par défaut ; ou pour interdire à un accusé le droit de se faire assister, de se faire défendre.

Cette loi du 7 pluviose ne démontre-t-elle pas combien il est désolant de réformer partiellement le vice des nouvelles institutions, sans vouloir se départir de la

préférence qu'on leur conserve sur les anciennes ?

Les législateurs réforment, par une loi
en vingt-six articles, quelques formalités
de la nouvelle instruction ; et dès le 29
prairial , le 3me. mois après sa promulgation , il y a trente-deux questions proposées au gouvernement sur cette nouvelle
loi , et 43 paragraphes de décisions d'une
autorité secondaire : de sorte que c'est
une premiere autorité qui fait la loi , et
une seconde qui déclare , par 43 nouvelles
lois , ce que la premiere a voulu dire ;
car , ou les autorités sont obligées de se
conformer à ces décisions , alors ce sont
dans le fait des lois ; ou elles ne sont pas
obligées de s'y conformer , alors , doutes
sur doutes , décisions sur décisions , autorités contre autorités sont anarchie.

Tant de lois , tant d'interprétations , tant
de décisions , tant de commentaires , semblent couvrir la justice d'un voile impéné-
trable , la dérober á tous les yeux , la
rendre sourde à toutes les plaintes , noyer

les praticiens, les jurisconsultes, les magistrats dans un déluge de formalités.

Un moraliste célébre a écrit, cent ans
avant la révolution, *qu'il falloit plaider
pendant dix ans, pour savoir dans quel
Tribunal on plaideroit le reste de sa vie.*

. Les régénérateurs de l'ordre judiciaire
ont voulu mettre à profit cet apophtegme
dérisoire sur la jurisprudence : et, dans
leur chimérique perfectionnement, ils ont 
tout suprimé, tout détruit, formalités,
jurisprudence, praticiens, jurisconsultes,
juges, moyens · d'acquérir des connoissances, préférences, lumieres, études, talens
pour exercer les fonctions, conditions pour
les obtenir ; et cependant les lois anciennes,
les lois nouvelles, les décisions, les commentaires, les opinions s'enchevêtrent avec
tant d'embarras, tant d'ambiguité, tant
d'obscurité que ni les anciens, ni les
nouveaux praticiens, ou jurisconsultes,
n'ont de régles sûres pour perfectionner
l'instruction ; qu'il n'y a pas une procédure contre laquelle on ne puisse pro-

poser des moyens de nullité, et qu'il ne soit à l'arbitraire d'un autre dégré de la hiérarchie d'annuler.

On a, par ces étranges inversions de principes qui ont eu tant de faveur dans la révolution, multiplié les formes, ou plutôt favorisé l'abus des formalités, et dispensé les magistrats de la nécessité de les connoître, en ne les assujétissant qu'à obtenir le suffrage de quelques forcenés qui ont eu l'audace de déclarer que, pour y prétendre, *il falloit avoir mérité la corde.*

*Tout simplifier est une opération sur laquelle on a besoin de s'entendre. Tout prévoir est un but qu'il est impossible d'atteindre*, disent les auteurs du projet du code civil; et cependant les faiseurs de lois, depuis la révolution, ont toujours prétendu avoir tout prévu du fond d'un cabinet ou d'un Comité.

On ne peut entendre, par *simplifier*, qu'élaguer sans rien ajouter à ce qui reste; ou suprimer, sans remplacer; mais on ne simplifie point en ajoutant trente mille nouvelles lois à dix mille anciennes, ou en abrogeant dix mille anciennes lois, pour les remplacer par trente mille nouvelles. Il faut être fou pour croire multiplier les lois sans donner lieu aux commentaires, dans la même proportion.

On a voulu tout régénérer, tout simplifier, et on a divagué dans les discours, les livres et les lois sur l'ordre judiciaire, comme, s'il n'y avoit point de milieu entre l'exclusion de toutes les formes et la cumulation de tous les abus.

Le moraliste qui dérisionne les formes seroit peut-être, comme disent les auteurs du projet du Code civil, le formaliste le plus subtil, l'ergoteur le plus opiniâtre, dans une affaire personnelle.

Il n'est point de peuple, point de famille, sortant de l'état de nature qui n'adopte des formalités, ne les consacre par l'usage, ou ne les grave sur des tables. Dans toute prétention, dans toute réclamation, chez toutes les nations, il y a des habitudes ou des régles pour demander, pour instruire les juges, pour juger et pour faire exécuter le jugement.

Chez tous les peuples la procédure se divise donc en quatre parties; *la demande, l'instruction, le jugement, l'exécution.* Chacune doit être assujétie à des formes dont l'observance doit se borner à la sûreté des personnes et des propriétés. Mais voir d'un côté la rigueur de toutes ces formes à l'arbitraire de chaque dégré de la hiérarchie judiciaire; et, de l'autre côté, toute la hiérarchie formée d'individus qui n'ont été assujétis à aucune condition, ni connus d'aucun membre de l'autorité qui les a placés, n'est-ce pas avoir le droit de douter encore s'il existe un ordre judiciaire ?

Les noms, les indications de celui qui poursuit et de celui qui défend, doivent être strictement, scrupuleusement articulés aux dépositaires de l'autorité, aux organes, aux exécuteurs de la loi; mais où se borne la rigueur de cette formalité dont la nécessité ne peut pas faire la matiere

d'un

d'un doute ? Où est la loi qui interdit à un chicanneur la faculté de demander la nullité d'une procédure sous le prétexte de l'omission d'une syllabe, d'une voyelle, d'une consonne ? Ne peut-il pas soutenir que l'altération d'un mot ou d'une lettre emporte la nullité de l'acte qu'il argue ? Il prétend que son nom est *Jacques* et non pas *Jacque*, ou *Jaque*, ou *Jaq*, ou *Jac*, ou *Jak*. A laquelle de ces dénominations se borne la rigueur de la loi ? à laquelle commence la nullité ? où est la loi qui interdit au plaideur la faculté de la demander, au juge la faculté de l'admettre ? N'avons-nous pas vu déclarer nulles des procédures pour un nom mal écrit, un cachet oublié ? Le législateur a eu raison d'exiger en général cette formalité pour assurer la légalité de l'acte, mais le juge a eu tort de prononcer la nullité de la procédure. Si la fidélité en est constante, qu'importe le cachet ? si on veut qu'elle soit physiquement attestée, que le juge qui a mis le cachet vienne l'attester : mais

I

il répugne au bon sens ; il répugne à l'ordre judiciaire comme à l'ordre administratif de recommencer à grands frais
une énorme procédure qui est un chef-
d'œuvre d'instruction, que ni le juge
qui la déclare nulle, ni le législateur
qui n'a pas prévu le résultat du mot *nullité*,
prodigué dans tous ses décrets, ne seroit
en état de conduire au même dégré de
perfection.

Le législateur a-t il prévu, a-t-il senti
la funeste conséquence du mot, *nullité*, lâ-
ché dans ces milliers d'articles où ce mot
fait un devoir aux juges de décider une
foule de questions à l'audience où elles
sont proposées, *au plus tard à l'audience
suivante*. Ne semble-t-il pas imposer à des
mercenaires une tâche à remplir à force
de bras ? ne semble-t-il pas n'avoir prévu
qu'une question simple, avoir inconnu la
matiere sur laquelle il a fait des lois,
puisque nous voyons dans cette matiere
une affaire qui présente dix à douze prévenus à interroger, 30 à 40 témoins à

entendre, 10 à 12 défenseurs á laisser déduire leurs moyens, une multitude de questions à décider.

Et si le juge prend le tems nécessaire pour les examiner, et méditer son jugement, tout est anéanti ; s'il juge dans le délai fatal, et qu'il lui soit échappé une syllabe, un cachet, tout est encore anéanti. Il a fallu trois mois à un Jurisconsulte avec ses 40 ans d'étude et d'expérience pour mettre la procédure en régle, il ne faut que trois secondes au Juge dispensé d'études par un commis de bureau, et qui n'a eu le suffrage d'aucune section du peuple, pour articuler le mot *nulle* : et pour prononcer ce mot, et le prononcer en dernier ressort, il n'est pas nécessaire d'avoir étudié long-tems le droit écrit ou le droit coutumier, les anciens ou les nouveaux codes.

Mais quand le mot, *nulle*, est prononcé, est-ce le juge, le greffier, l'officier qui a transposé la syllabe, oublié le cachet, la voyelle ou la consonne, qui est châtié ?

non ; c'est la partie qui a raison au fond :
et comme rarement elle est assez riche,
c'est toujours le trésor public.

\ En matiere civile, ce sont des frais énormes et des moyens de nullité aussi ridicules et aussi desastreux; c'est un créancier légitime ruiné par un debiteur de
mauvaise foi qui, après l'avoir fatigué
d'apels, d'opositions, de faux-frais, d'avan-
ces, l'avoir trainé de tribunaux en tribunaux pour le principal, lui fait recommencer cette redoutable carriere pour l'exécution du jugement, pour la vente du mo-
bilier, ensuite pour l'expropriation forcée:
et si un chicaneur astucieux soldé par le
debiteur opiniâtre, pour compter les syllabes et les lettres, rencontre, dans ce fa-
tras de chicanne, dans ces cahiers énormes, deux mots où il prétend n'en devoir
trouver qu'un, ou un, lorsqu'il prétend
en trouver deux, alors c'est un nouveau
procès; des juges, appliquant la loi, condamnent le debiteur, d'autres juges d'un
tribunal d'apel, appliquant la loi, con-

damnent le créancier. C'est toujours la loi qui condamne l'un ou l'autre, mais qui met la chance en faveur de la mauvaise foi.

Il est inutile de s'étendre sur les inconvéniens de cette procédure qui, sous le nom *d'expropriation forcée*, remplace la saisie réelle : son régne ne sera pas long, comme il paroit par le projet du code civil. On la rapproche des anciennes formes, sans cependant la rapprocher de la perfection ; car la perfection consisteroit dans des régles si sûres et si faciles que personne ne put proposer des doutes ni trouver lieu à des commentaires : et jamais législateur ne présentera une loi générale aussi accomplie. Le malheur a toujours été de l'avoir cru, et sera toujours de le croire. Cependant on pourroit éviter bien des incidens, et des apels, en commençant par régler, de concert, ou contradictoirement, les formalités, avec la charge ou la faculté à chacune des parties d'y supléer, sans frais et sans retard.

Cette action .est odieuse, dit-on, les formalités doivent être scrupuleusement observées ; ç'est-à-dire, que la loi est un piége tendu au créancier pour procurer au debiteur l'avantage. de consommer le reste de la fortune de celui qui a eu la bonne foi de lui en confier une partie,

On espére ; mais il est permis de se cabrer contre ce protée en jurisprudence, qu'on a baptisé du nom de *police correctionne'le*, qui d'abord prend la forme de procédure criminelle, ensuite la forme de procédure civile, pour reprendre encore la forme de procédure criminelle au tribunal d'apel, oú, du souffle d'un juge qui n'a pas eu besoin d'en lire une seule ligne; au mot, *nulle*, elle disparoit comme l'ombre et reprend, au gré d'un ou de deux individus, un appareil imposant dont les facultés de tous ceux qui y figurent, comme prévenus, ne sont jamais en état de suporter les frais. Sur cent affaires, on n'en voit pas deux qui méritent ce vain et redoutable apareil, Ou cette procédure est bien mal entendue des magistrats, ou elle est une monstruosité dans l'ordre judiciaire, et un fleau dans l'ordre administratif.

C'est donc la loi qui dit au debiteur de mauvaise foi, au brigand consommé, que toutes les chances de la procédure sont pour eux; que ses dispositions sont les détours obscurs d'un labyrinthe tortueux, où le juge se perd, mais d'où l'escroc et l'assassin s'échappent à la faveur des fils que la loi a multipliés pour eux, et qu'elle brise dans les doigts du magistrat, dès qu'il invoque la raison. Les coupables triomphent, l'un conserve une fortune qui ne lui appartient pas, l'autre une liberté funeste à ses semblables; l'un aux dépens de la fortune publique, l'autre aux dépens de la fortune privée.

C'est aussi la loi qui a dit à l'homme affamé que s'il déroboit à ses riches voisins la valeur d'un morceau de pain, en se donnant de garde, avec une échelle, de rien endommager de leurs propriétés,

il seroit condamné à mourir sur l'échafaud ; mais que si, avec des instrumens de
destruction , il brise les portes , les meu-
bles, enleve, emporte toute la fortune de vingt
familles, il ne sera condamné qu'aux fers,
pour quelques années. Si , d'une autre ma-
niere , il vole les chevaux , les bœufs , tous
les bestiaux qui font la fortune d'une contrée , il en sera quitte pour quelques mois
de prison.

C'est aussi la loi qui prévient la société
que, si un citoyen recommandable par son
état, son mérite, est accusé par le premier coupe-jarret, ou la première prosti-
tuée , et deux ou trois individus de leur
clique , il sera condamné à être trainé
publiquement, ignominieusement dans les
prisons , et confondu avec tous les assassins, avant même d'avoir été jugé.

Il est enfin reconnu qu'il vaut mieux
être poursuivi pour un crime que pour
une faute , qu'il est plus sûr et plus avan-
tageux de passer au Jury qu'au Tribunal
correctionnel ; et que ces lois, comme l'a

dit Rousseau, *font le bien du méchant,
et le malheur du juste.*

### Des Juges.

*Depuis l'existence du monde, la sa-
gesse humaine a fait bien peu de bons
Magistrats,* écrivoit un philosophe, lorsque la plus grande partie des fonctions de
la magistrature etoient un objet de trafic;
mais alors toute l'intrigue se resserroit
entre un vendeur et un acquéreur.

Les philosophes novateurs, les législateurs modernes vraiment choisis par le
peuple, crurent avoir trouvé le moyen de
faire de bons magistrats : et le peuple,
dans ses fictions politiques, qui ont fait
son bonheur en expectative, mais qui,
dans la réalité, ont fait pleuvoir sur sa
souveraineté, sa majesté, toutes les calamités, tous les fleaux, dont toutes les
puissances supérieures à la sienne, pouvoient l'affliger, s'imposa trois conditions
pour former ses magistrats :

1°. Le tems des études dans des écoles
privilégiées.

2°. Six années de pratique et d'expérience, c'est-à-dire , un tems suffisant pour qu'ils fussent rompus aux affaires , et distingués des Bachas de Turquie , comme disent les auteurs du projet du code civil.

3°. Le suffrage du peuple.

Mais un nouveau Comité de législation imagina que le meilleur moyen de faire de bons magistrats, étoit de faire tous les français hommes de loi et jurisconsultes, en même tems qu'un autre comité en faisoit des Grecs et des Romains ; un autre , des philosophes et des géométres ; un autre des suspects et des conspirateurs. Une société , supérieure encore à toutes ces puissances, y mettoit un amendement, en y ajoutant la condition d'être bon patriote, ce que le compétiteur ne pouvoit constater qu'en *prouvant qu'il avoit mérité d'être pendu* ; ce sont les expressions de ces inventeurs de *l'épuration nationale.*

Depuis, l'ordre judiciaire a encore subi une nouvelle métamorphose , on n'a point ajouté de conditions; et il est resté des magistrats de l'Ere de *l'épuration nationale.*

Quoi ! les auteurs du projet du code civil écrivent *qu'une foule de choses sont nécessairement abandonnées à l'empire de l'usage , à la discussion des hommes ins- truits , à l'arbitrage des juges . . . . que c'est au magistrat et au jurisconsulte pé- nétrés de l'esprit général des lois à en diriger l'application . . . . que le terrible pouvoir de juger est soumis à des prin- cipes . . . . . !* Et tout individu peut se mettre sur les rangs pour être investi de ce pouvoir terrible ! et l'étude, et la pra- tique, et l'expérience, et la connoissance des usages, et le suffrage du peuple ne sont pour rien dans le choix de ces ma- gistrats ! ils sont nommés à deux cents lieues du siége qu'ils doivent occuper : ils sont transportés dans des pays éloignés, inconnus, pour y *décider, arbitrer,* sous *l'empire de l'usage.* On leur donne pour régle, un code inintelligible à tout homme qui ne s'est pas consacré à en faire son

étude particuliere , une foule de commentaires, une jurisprudence de cent ans,
sur lesquels ils n'ont jamais eu occasion
ni intérêt de jetter les yeux.

On voit sortir d'un bureau , comme d'un
moule , des milliers de magistrats ; si l'on
pouvoit les supposer tous connus de l'autorité qui a fait cette intronisation en
masse, et que l'examen et la comparaison
de dix compétiteurs eut coûté un quart
d'heure à la puissance qui les a placés , il
lui auroit fallu dix ans pour faire les choix
qui ne l'ont pas occupée trois mois ; elle a
donc opéré , dans ce court espace, le
miracle que la sagesse humaine n'avoit pu
faire depuis le commencement du monde.

Si l'on peut dire que ces choix ont été
préparés dans les bureaux, qu'il est reconnu qu'un homme ne peut tenir seul
les fils d'une administration de trente millions de ses semblables, et qu'il est bien
vrai, comme l'a dit l'auteur du contrat
social, *que dans cette multitude d'hommes inconnus les uns aux autres*, les chefs

accablés d'affaires, ne peuvent tout voir,
que ce sont les commis qui gouvernent,
comment alors ces commis n'ont-ils pris
pour régle, dans leurs choix, aucunes de
ces conditions que le peuple s'étoit impo-
sées à lui-même, ni le certificat d'études,
ni le tems de la pratique, ni le choix du
peuple ?

Ces nouveaux licentiés jugent les décisions et l'instruction des jurisconsultes et
des praticiens qui ont quarante ans d'études : ils voyent conclure, parler, se lever
devant eux ces orateurs, ces magistrats
qui ont été portés aux premieres fonctions
de l'État par le suffrage de leurs concitoyens. Ces aggrégés tout neufs auroient
été plutôt, les uns portés au Directoriat,
au Consulat ; les autres, exclus des fonctions d'huissier, que choisis pour juges,
par les justiciables sur lesquels ils exer-
cent le *terrible pouvoir de juger.*

Il n'y a point de question si difficile,
qu'elle ne puisse, ou ne doive même être
décidée d'un coup de dé, comme par les

plus fameux jurisconsultes. La chance ne peut être que pour la négative ou l'affirmative. L'une et l'autre sont éloquemment discutées, ingénieusement décidées, par des hommes célébres. Le point sera pour l'une ou pour l'autre; mais le juge qui aura agité le cornet pourra-t-il se dire jurisconsulte, magistrat ? Deux ignorants soutiennent qu'un enfant à naître, dans huit à neuf mois, sera mâle ou femelle; mais celui qui aura gagné le pari pourra-t-il se dire naturaliste ou devin ?

Deux ou trois juges incapables décident l'affirmative sur leur siége d'audience; sans avoir réfléchi une seule minute. La question se discute savamment au siége d'apel; les jurisconsultes sont divisés d'opinions. Ils invoquent, ils appliquent, avec beaucoup de raison, de part et d'autre, les lois, les principes, les autorités ; les juges sont indécis, réfléchissent long-tems ; les voix se balancent ; enfin la majorité décide l'affirmative ; les oracles du premier siége peuvent-ils se glorifier d'avoir mieux jugé

que les partisans du système opposé, d'a-
voir plus de capacité même que les juges
qui ont décidé comme eux ? peuvent-ils se
flatter d'avoir vu, dans six secondes, ce
que tous les jurisconsultes ont étudié pendant six mois. Il est cependant infaillible
que les ignorants auront cette vanité ;
l'incapacité n'est pas un crime, mais la
présomption est un ridicule ; et le magistrat qui réunit ces deux défauts est un
être bien fatigant pour sa compagnie,
bien dangereux pour la société. D'un autre côté, pour conduire une instruction
longue, compliquée, il faut de la pratique, de l'étude, de l'expérience : pour
prononcer à un tribunal d'apel les mots
*bien fait et jugé*, ou bien : *procédure
nulle*, il n'est pas même nécessaire de
savoir lire.

L'assemblée constituante avoit-elle assez
fait pour faire de bons magistrats, en
imposant des conditions dont les rédacteurs du code civil reconnoissent la nécessité, et dont le gouvernement ne s'est pas

même occupé ? Elle vouloit faire cesser l'abus de la venalité, du simulacre d'études, de l'indifférence du gouvernement pour des justiciables dont il ne consultoit pas l'opinion dans le choix de leurs magistrats ; mais d'un autre côté, elle détruisoit la considération essentielle à un ordre absolument indépendant du gouvernement, en les salariant.

L'ordre judiciaire n'est ni une autorité supérieure, ni une autorité inférieure dans un état. C'est un organe indépendant de l'autorité à laquelle tout magistrat est soumis comme individu, mais dont il ne reconnoit les dépositaires ni à la vue ni à la voix, lorsque dans ses fonctions il a le bandeau sur les yeux, la balance et le glaive dans les mains.

Un juge ne doit recevoir que de ses concitoyens le dépôt de ces attributs qu'il doit représenter à tous, et ne laisser profaner par aucun.

Le juge est un arbitre constitué par ses semblables, pour interpréter, suivant ses
lumieres

lumieres , les maximes écrites , pour appliquer, suivant sa conscience , les principes
éternels de la justice ; mais à qui on ne
peut imposer aucune tâche, à qui par
conséquent il n'est dû aucun salaire. Les
résultats de ses erreurs sont incalcula-
bles ; mais il ne frappe l'individu ou la
propriété qu'en recevant la malédiction de
l'un , la bénédaction de l'autre. Alors il
est à l'abri de toute responsabilité , pour
tous ses jugemens, ou il faudroit qu'il fut
jugé , pour chacun, par la société toute
entiere.

On parle de donner une rétribution aux
fonctionnaires, pour ne pas les exposer à
la corruption ; alors le motif et la rétribution sont une véritable dérision de l'ordre judiciaire, lorsque l'on compare le
traitement de celui qui fait la loi avec le
traitement de celui qui l'applique. Si celui
qui fait la loi peut être exposé à la corruption , quelle somme peut garantir la
société de sa perversité ? Mais au moins
les lois se font, ou doivent se faire, de

K

loin à loin ; elles se rédigent dans un instant,
tandis que celui qui les applique est , chaque
jour de sa vie, exposé, et la passe toute entiere
á étudier, méditer, lire une multitude
d'écritures et de commentaires qui démontrent que rien n'est si facile que de faire
des lois, et que rien n'est si difficile que
de s'en servir pour rendre la justice. Et
lé fonctionnaire qui est le plus exposé,
dont la tâche est la plus pénible, reçoit
le trentieme du salaire de celui qui n'a
presque d'autre peine que de minuter ou
approuver quelques lignes, sans entendre
parler, sans s'inquiéter des résultats de
ses conceptions.

Si un gouvernement ne peut payer les
juges, et doit les laisser choisir par le
peuple, alors il faut qu'ils reçoivent du
peuple leur traitement en considération.
*Cette monnoye est précieuse et de bon
aloi pour les gouvernemens qui savent
l'employer*, dit le meilleur raisonneur, de
nos jours, en finances. Il prétend que *rien
n'est moins économique que de se mettre*

*dans la nécessité de régler les traitemens de tous les fonctionnaires publics ; et que ce principe s'applique particulierement à la magistrature.*

Les novateurs ont tout fait pour déprécier *cette monnoye* ; et on ne peut lui redonner de la faveur qu'en retournant aux institutions qui lui donnoient toute sa valeur.

« Il faut donc rétablir, » diront toujours ces révolutionnaires effarouchés, » la venalité, le simulacre des études, le choix d'un seul ? » Oui, répondrions-nous, si c'étoit là le seul moyen de réconcilier à la magistrature la considération dont les anti-constituans, c'est-à-dire les contre-révolutionnaires de 93 l'ont dépouillée. Mais ce n'étoit pas de ces trois abus qu'elle recevoit sa considération ; c'étoit de son indépendance, de sa stabilité, de son esprit de corps. C'étoient ces trois grands attributs qui faisoient le bon aloi de cette ancienne monnoye, en ne destinant à la magistrature que des citoyens aisés.

Il n'est pas nécessaire, il n'est pas question pour les lui rendre , de rétablir les abus que les novateurs ont détruits ; il s'agit au contraire de maintenir la partie de l'institution nouvelle et la partie de l'institution ancienne qui constituent tout le perfectionnement possible. Qu'on lui restitue ces trois attributs principaux , elle recouvrera sa considération.

L'homme fortuné sait qu'il doit être utile à ses semblables, mais il veut être indemnise de ses soins , de ses peines. Il n'a besoin que de la considération de ses concitoyens ; il recherchera cette monnoye de bon aloi ; mais s'il la croit dépréciée, avilie par l'altération , l'alliage , ou par le mélange de la fausse monnoye de la révolution , il ne fera rien pour la partager, avec des mercenaires à qui la valeur ou la faveur en sont indifférentes.

Il sacrifioit sa fortune pour s'enrichir de cette monnoye ; pourquoi ne sacrifieroit-il pas son tems ? Les *Seguier*, les *Molé*, les *Lamoignon*, les *d'Aguesseau*,

n'ont-ils acquis, qu'avec leur fortune et
le préjuge de leur naissance, la considération de leurs concitoyens? Tous les
magistrats de l'ancien ordre judiciaire,
pour avoir payé des charges, avoient-ils
moins de lumieres que tous ces jugés de
nouvelle fabrique qui, sans les premieres
notions du droit, sans simulacre d'études,
sans le suffrage de leurs concitoyens, sans
avoir le sentiment de leur incapacité, in-
triguent pour être salariés, par conséquent
pour être, dans le systême du gouvernement, à l'abri de la corruption ; rampent
dans les bureaux pour devenir magistrats,
et sont magistrats pour avoir du pain ?
car, il faut le répéter, le dixième du
traitement du commis d'un ministre ne
suflit pas pour le plus strict nécessaire.
Un juge salarié comme un copiste, comme
un garçon de bureau ! ... Des tableaux,
des comptes, des correspondances, des
états, demand.'s par des autorités admi-
nistratives à des autorités judiciaires ! Les
travaux des jurisconsultes examinés par

des commis ! Les magistrats transformés en teneurs de livres !.... Dans l ancien ordre judicia're, un procureur du roi n'écrivoit pas une lettre, par an, au chancellier ; le bailly d'une justice seigneuriale ne rendoit compte de sa conduite qu'à 'Dieu.

Que tous les justiciables prononcent : la justice est-elle mieux administrée par le prêtre qui a perdu sa Cure que par le Conseiller qui a perdu sa Charge ? Dix séances d'un Cl b sont-elles plus efficaces, pour *rompre aux affaires*, que dix' ans de pratique ? Le juge, sans fortune, est-il plus incorruptible, avec son salaire éventuel de 1000 francs, que le titulaire avec sa Charge et ses propriétés?

Des législateurs ont répondu à nos observations qu'ils *vouloient des juges qui reglassent les difficultés de leurs concitoyens au cabaret.* Nous avons été obligés de leur repliquer, dans le même style, qu'il falloit alors leur donner de quoi payer leur écot, ou bien que la partie qui paye-

roit pour eux, c'est-à-dire le riche, ga-
gneroit souvent son procès.

Du rétablissement des institutions qui
donnoient tant de valeur à une monnoye
de si bon aloi dans un bon gouvernement, résulteroit l'avantage de dégréver
le trésor public, de rendre le riche utile
à ses concitoyens, et les tribunaux acces-
sibles aux pauvres.

Que le pauvre déclare donc s'il est
mieux traité par un greffier d'une justice
de paix qu'il ne l'étoit par le greffier
d'une justice seigneuriale !

Une des causes de la répugnance du
citoyen aisé à sacrifier son tems pour se
pénétrer de l'esprit des lois, est l'instabi-
lité des nouvelles institutions. *L'essentiel
est de leur imprimer ce caractere de per-
manence et de stabilité qui puisse leur
garantir le droit de devenir anciennes,*
disent les auteurs du projet du code civil.
Mais en quoi a-t-on trouvé, jusqu'à présent, la garantie de ce droit pour le nouvel ordre judiciaire ? Chaque parti qui

K 4

s'est emparé des rênes de l'état n'a rien laissé subsister des conceptions de ses prédécesseurs, a fait adopter les siennes et déclaré que la révolution étoit finie. Comment veut-on que le magistrat, que le jurisconsulte fasse, des nouvelles ou des anciennes lois, une étude qui n'aboutira qu'à lui faire entrevoir la proximité ou la nécessité de leur révocation ? Il payoit une Charge dans l'ancien ordre judiciaire, il sacrifioit sa fortune, sans penser à la possibilité d'être privé de ses fonctions en perdant sa finance : il craint, dans le nouveau, que l'étoffe de son costume ne soit plus durable que l'institution.

### De l'esprit de corps.

On a achevé de dépouiller la Magistrature de la considération dont elle devoit jouir, dont elle jouissoit dans la monarchie, et dont elle doit être revêtue dans tous les gouvernemens, en éteignant cet esprit d'union qui doit lier tous les magistrats du même tribunal, et l'esprit de corps qui doit lier toutes les compagnies

d'un Etat. C'est à cette erreur de l'assemblée, constituante qu'on doit l'avilissement
des autorités. Cette dégradation constitua
l'anarchie, sous des destructeurs en délire
qui se disoient patriotes de 89, et ne laissoient rien subsister des institutions de 89,
mais en égorgeoient les auteurs et les novateurs qu'ils suposoient attachés à ces institutions.

D'abord l'union entre les Magistrats est
absolument nécessaire aux justiciables : les
uns et les autres doivent se considérer
comme de la même famille : ils se jugent
réciproquement ; et le jugement du public
est aussi juste et aussi redoutable que
celui d'un tribunal.

Les discussions et les jugemens se res-
sentent toujours de l'union qui régne entre
les jurisconsultes dont les uns discutent,
les autres jugent. Si cette union salutaire
les fait chérir de leurs concitoyens, ils sont
tous d'abord arbitres ; ils composent le tribunal de famille avant de devenir les organes de la loi ; et dans ce cas là même

le jugement porte l'empreinte de l'aménité dans les formes de la discussion, de l'instruction, de la délibération.

Si cet esprit d'union manque dans une compagnie, tout est de rigueur dès le premier acte d'une procédure ; rien ne tend à la conciliation ; l'esprit de la loi se trouve par-tout en opposition avec le texte ; les opinions se roidissent , les décisions sont aigres et difficiles. Chaque contestation entre deux justiciables devient un procès entre tous les magistrats , et chaque jugement se ressent des formes sévères de l'instruction et des rigueurs de la loi.

L'assemblée constituante, en anéantissant cet esprit de corps qu'elle crut redoutable pour le peuple , et qui n'étoit redoutable que pour le chef, fit une erreur qui la précipita, et toute la nation avec elle , dans l'abîme de maux qu'on pourroit lui reprocher de n'avoir pas prévus, si l'on pouvoit faire un crime à des novateurs , d'une fiévre dont l'expérience même ne les auroit pas préservés. Ils craignoient que cet

esprit de corps n'ombrageât la souveraineté du peuple qu'ils caressoient comme
leur ouvrage ; il n'oposoit de résistance
qu'à la volonté du monarque ; ils ne dis-
tinguêrent pas le monarque de la monarchie : ils ne sentîrent pas qu'une assemblée sans esprit de corps n'est rien, qu'elle
doit se diviser en partis, et qu'un de ces
partis doit donner un chef à tous : *Il faut,*
dit Rousseau, *qu'un gouvernement populaire ait un chef.* Mais si le parti qui le
proclame, n'a lui-même aucun esprit de
corps, le régne n'en est pas long.

Le peuple veut voir des chefs par-tout ;
et tous les écrivains de la révolution ont
été peuple. N'en ont-ils pas donné à l'assemblée constituante, à l'assemblée législative, et sur-tout à la convention ? Un chef
de parti doit savoir qu'il réunira contre
lui toutes les autres factions qui, sans esprit de corps, se subdiviseront, soit avant,
soit après avoir détrôné celui qui n'aura
été placé au premier rang que par la volonté
d'une autre minorité.

Si l'on pouvoit attribuer à une seule
cause, tout le bouleversement révolutionnaire, comme c'est la folie de tous les
raisonneurs, ce seroit à l'erreur de l'assemblée constituante d'avoir détruit cet esprit de corps, d'avoir voulu le remplacer
par un esprit national, lorsqu'il ne se remplace jamais que par la guerre civile.

Le Senat, ce fantôme de puissance, devoit
dorc être dissipé par une société delibé-
rante à-côté de lui avec cette force d'union
qu'elle s'occupoit à propager sur tous les
points de la france. Et cette société elle-
même s'est anéantie avec ses imprudentes
exclusions, avec ses épurations extrava-
gantes.

La coalition des Rois s'est dissoute comme
toutes celles qui l'avoient précédée dans
l'histoire ; les chefs des nations n'ont point
d'esprit de corps ; par conséquent ils sont
d'autant moins à redouter qu'ils sont plus
nombreux. Chacun ayant ses intérêts divisés des intérêts de celui à qui il paroit se
réunir, plus il a d'alliés plus il a d'en-

nemis. Une coalition s'affoiblit par ses conquêtes comme par ses pertes. Les succès
divisent les chefs comme les revers ; et si
la nation isolée contre tous, n'est pas anéantie du premier choc, elle trouve le moyen
de résister á des ennemis qui se disputent
ses dépouilles sur chaque champ de bataille.

C'est à l'esprit de corps qui se conserva
dans les armées françaises, qu'on doit attribuer tous les prodiges de la revolution et
non pas à des gouvernans imprevoyans et
sans moyens, qui en divisant les armées
qu'ils craignoient, de la nation qu'ils vouloient opprimer, oposoient machinalement
l'esprit national, qui n'etoit pas pour eux,
à une ligue sans foi, sans concert, et sans
confiance.

Tous les écrivains se sont évertués à dé-
primer, á louanger cette Convention : les
uns veulent qu'elle ait arraché la france
des mains de ses bourreaux, les autres
qu'elle ne fut elle-même composée que des
bourreaux de la france. Le même lui attri-
bue ses momens d'énergie et ses momens

de foiblesse : et cette Convention n'étoit
rien : tout étoit le résultat d'abord d'un
parti delil érant qui avoit sa force d'opinion , sa force réelle et ses moyens hors
de la Convention , c'est-à-dire , un esprit de
corps qu'il entretenoit dans toutes les communes et dans les armées , la faculté de
rassembler ses membres et d'offrir un point
de réunion. Quand les faiseurs de cette
société qui jamais n'avoit eu un plan suivi,
n'avoit jama's refléchi que c'étoit cet esprit
de corps qui faisoit toute sa puissance , eut
perdu cette force d'union par ses dénonciations et ses épurations, et l'eut remplace par l'esprit de parti , alors tout fut
le résultat de l'agitation des différens partis qui avoient toutes leurs forces et tous
leurs moyers hors de la Convention , et
toujours contre la majorité ; car un parti
ne se dit jamais que de la minorité qui
a la majorité contr'elle. La majorité de la
Convention étoit composée de différens partis dont chacun avoit la majorité contre
lui ; car, si un parti avoit la majorité pour

lui, il cesseroit d'être parti ; il formeroit,
avec la majorité , la volonté générale ou
nationale. Il peut y avoir dans toute société différens partis ; les uns peuvent avoir
des vues droites , d'autres des vues sinistres : les uns peuvent être égarés, les autres pervers ; mais il ne peut y avoir qu'une
majorité ; et dans presque toutes les délibérations de la Convention il n'y en a jamais eu. Qu'on dise à combien de voix a
passé chacune de ces dix mille lois qu'elle
a faites.

Qu'on s'imagine voir 750 individus se
rendant de tous les points d'un territoire
de deux ou trois cents lieues d'étendue ;
tous nommés dans le fort du choc des opinions politiques et religieuses ; pas un
avec la majorité des suffrages de ses concitoyens qui devoient leurs voix aux assemblées du peuple ; n'ayant aucun signe pour
se reconnoître , aucune raison de s'esti-
mer ; ne pouvant former que des sociétés
particulieres qui devoient nécessairement se
pelotonner en partis, pût-on supposer qu'il

n'y avóit aucun intérêt personnel, aucune ambition, aucune idée ni de fortune ni de célébrité ; se réunissant chaque jour pour délibérer en plus grand ou en plus petit nombre ; se rendant à la salle des débats sans avoir d'autre plan concerté que celui d'entrer en lutte avec un parti opposé ; employant tous les moyens pour emporter, comme d'assaut, une majorité de circonstance, inatentive, mal comptée, toujours fictive, qui ne voyoit pas que la motion d'ordre, que la proposition en apparence improvisée, suggérée par un événement imprévu, avoit été méditée dans un conciliabule, et que des intrigants qui n'étoient pas même membres de l'assemblée en avoient calculé, à leur profit, la cinquantième conséquence.

Les journées de desastre et de catastrophes qui ont fait signaler cette Convention ne prouvent-elles pas qu'elle ne fut rien. Si elles ont été le résultat de la froide délibération des représentans de la nation, il n'a pu y avoir d'insurrection ; l'individu ne s'insurge s'insurge pas pour obéir à l'autorité. Si elles ont été le résultat de la résistance de la minorité à la majorité, elles démontrent que la Convention n'étoit qu'un fantôme. Si elles étoient le résultat de délibérations prises hors de son sein, elles démontrent que la Représentation nationale, dans la capitale, n'étoit qu'un objet de dérision ; que chaque membre en plaçoit l'autorité dans son parti, comme chaque patriote, des restes de 93, place le peuple dans sa cotterie.

Quelle précaution a-t-on prise pour obtenir cette majorité qui seule pouvoit imprimer à chaque loi le caractere de la volonté nationale dont elle devoit être l'expression, comme le répétoit sans cesse le parti dominant ? Dans quelle circonstance a-t-on décidé que cette majorité seroit nécessaire pour la formation de la loi, pour l'expression de la volonté générale ? Quelle assemblée a commencé d'abord par reconnoitre et décider quelle étoit sa majorité ? Peut-il y avoir une moindre ma-

L

jorité. que la moitié plus un, au moins de tous les membres qui y doivent leur voix ? Toute majorité moindre n'est que fictive ; elle ne peut figurer que le cahos de l'anarchie. Toute décision prise à une majorité fictive, né peut-elle pas être révoquée le lendemain par une autre majorité aussi fictive qui, le jour suivant, peut se trouver en minorité, et former, avec le même nombre de voix, tour-à-tour, et la majorité et la minorité ?

Si chaque loi n'eut été, dans les assemblées nationales, que la décision de la majorité réelle, l'Etat le plus florissant de l'univers auroit-il été dissous, dans dix mois ? La nation la plus puissante auroit-elle été enchaînée aux pieds d'une poignée d'ignorants dont la férocité fit faire des miracles au génie de la nation, à ses guerriers invincibles ?

Les faiseurs de la Convention voulurent donner au peuple le simulacre de cette majorité dans une grande circonstance, dans le procès du Roi ; mais ils évitèrent

toujours le point qui la constituoit réellement et consistoit à la fixer au nombre
de 376 voix au moins. Les écrivains ont-
ils eu tort de dire que cette question n'a
pas plus que toutes les autres, été décidée à la majorité ?

Ont-ils fait un crime de prévenir la
postérité que cette majorité fictive ne prit
aucune précaution pour exprimer la volonté
générale, et a laissé au contraire un monument éternel de l'opiniâtreté qu'elle mit
à s'opposer au droit des mandataires de
réclamer la volonté de leurs commettans,
au droit incontestable des commettans de
la manifester à leurs mandataires ?

Pouvons nous attester que cette majorité
exprima la volonté générale dans cette ca-
tastrophe consignée pour l'éternité dans les
annales de tous les peuples de l'univers ?
lorsque nous avons vu voter la mort, sans
appel au peuple et sans surcis, par des
collégues qui refusoient, quatre jours
auparavant, de donner leur voix à cette
mesure, la souténoient inutile, impoliti-

que, féroce ? lorsque nous avons vu les autres indignés, disoient-ils, d'un régicide, déclarer qu'ils avoient été obligés de le sanctionner pour ne pas accréditer les atroces calomnies de leurs persécuteurs, qui, pour parvenir à faire assassiner les véritables défenseurs du peuple, accusoient à deux cents lieues du Senat, et dénonçoient, comme supots de la royauté, les vainqueurs de la bastille du 14 juillet, les assaillans des thuileries du 10 août, les fondateurs de la République? N'en avons-nous pas vu d'autres, connoissant les dispositions des peuples voisins, parmi lesquels ils avoient appris à aimer la liberté, voter la mort, en nous disant que les américains ne nous considéreroient que comme des bourreaux stipendiés par les gouvernemens ennemis de l'Etat, de la liberté des peuples, de la République ; que comme les instrumens de la vengeance des rois intéressés à faire expier au roi de france le crime d'avoir favorisé l'insurrection d'un peuple contre une monarchie, de lui avoir donné la liberté, l'indépendance, d'avoir fait usage de sa puissance, des forces de sa nation pour fonder une République, d'avoir favorisé la révolte de son peuple contre son autorité, d'avoir donné à tous les autres l'exemple de l'insurrection contre la puissance légitime de leurs Rois ?

N'avons-nous pas entendu les chefs d'une minorité nous dire à nous mêmes : *le peuple ne le condamneroit pas à mort, mais nous le voulons ?*

N'est-ce pas dans la Tribune nationale même qu'un de leurs orateurs a dit : *nous sommes de la minorité en voix ; nous avons la majorité en auddce ?*

Etoit-ce un crime de voir que la tête de ce monarque étoit mise à prix par les puissances étrangères, comme l'incendie et la destruction de nos villes fameuses dont les richesses et les manufactures faisoient depuis long-tems l'objet de leur jalousie ? Elles savoient qu'avec cinq cents mille combattans elles ne seroient pas parvenues jusqu'à nos ateliers, nos palais, mais qu'avec cinq cents mille guinées elles pouvoient mettre les mots *liberté* et *mort* dans la bouche de tous les ignorants, la torche et le poignard dans les mains de tous les brigands de la france, faire punir les fondateurs de la liberté et de la République, et réduire en cendres les établissemens où elles voyoient la source des richesses qui ne laissoient point parmi elles de rivale à la france monarchique.

Est-ce un crime de supposer que de cette majorité fictive ou réelle, il y en a eü qui se sont déterminés, les uns par l'exemple, les autres par la crainte ? lorsque les aboyeurs d'une assemblée ou d'une cohue, plus puissante que la représentation nationale, vociféroient, jusque dans l'enceinte du Senat, que les Représentans qui ne voteroient pas la mort du tyran prononceroient leur arrêt de mort ?

Certes ! il a fallu quelque courage à sept à huit pour refuser de juger . *Louis coupable*, demander le surcis et en appeller au peuple !

L'assemblée constituante, en transfor-
formant son Senat en une Académie, avec
ses discours, ses impressions, ses tribunes, ses journalistes à qui il faut toujours
des coriphées, des apôtres, des anges ; qui
toujours flagornent les chefs quand ils
dominent, jamais ne les accusent qu'au
déclin de leur puissance ; qui n'en condamnent un que pour en indiquer plusieurs, ne devoit-elle pas prévoir que ce
Senat dégénéreroit en *Petites Maisons*, au
milieu d'une immense population, où une
minorité de faiseurs, foible en nombre,
*forte en audace*, comme ils le d'soient
eux-mêmes, avec les mots *égalité*, *liberté*,
*souveraineté*, *ses accolades fraternelles*,
*ses mentions honorables*, *ses banquets ci-*
*viques*, *ses fêtes*, *ses bacchanales*, *ses*
*cohues*, *ses déesses de la liberté*, *ses*
*temples de la raison*, *sa montagne*, *sa*
*tasse commune*, *son niveau de l'égalité*,
*ses sansculotides*, *ses mots grecs*, *ses tu*
*et toi*, *son Etre suprême*, *son immortalité*
*de l'âme*, *ses suspects*, *ses hors la loi*, ...

communiqueroit la fiévre à tout ce qu'il y
avoit de corrompu sur la terre ; et que si,
dans ses accès, elle pouvoit s'armer de
piques, de haches et de couteaux, contre
la majorité, contre la nation, elle feroit
de la france un champ de carnage ?

Si la représentation nationale fut une
autorité, si elle fut dépositaire de la puissance du peuple, c'est à elle qu'il faut
reprocher d'avoir aiguisé les poignards et
dressé les échafauds qui inondêrent la
france du sang des français. C'est elle
qu'il faut accuser des boucheries de *sep-
tembre* qui, sans autres formalités qu'un
traité entre une douzaine de chefs et une
centaine d'assassins salariés à la journée
pour égorger, préludêrent le massacre général dont l'apareil, sous des formes judiciaires, fut un outrage à l'humanité, un
rafinement de barbarie, un spectacle d'antropophages.

Quoi ! la représentation nationale fut
une autorité ! Et dans celle des quarante

mille communes de la france où elle avoit
placé le dépôt de la puissance du peuple,
le sang ruisseloit aux portes du temple de
la loi dont les organes immobiles laissêrent
tomber de leurs mains le glaive de la justice !

Les guerriers français n'oposêrent pas aux
poignards des assassins le fer dont ils étoient
armés pour défendre les propriétés, sur-
tout la vie des français ! Les licteurs ne
levêrent pas la hache sur ces tigres dévo-
rés de la soif du sang humain ! Ils ne bri-
sêrent pas, sur les lévres écumantes de ces
antropophages, la coupe dans laquelle on
les vit boire le sang des victimes qu'ils
égorgeoient pour un modique salaire, parce
que leurs chefs plus atroces les avoient
déjà dépouillees ! Pas un ne fut exterminé
sur ces monceaux de cadavres qu'ils en-
tassoient sous les yeux des autorités coupables ou stupéfaites !

La Représentation nationale députe vers
des assassins ! Des représentans du peuple
sont, en son nom, aux genoux de cent

bourreaux qu'elle ne peut ni fléchir ni distraire du massacre.

Les monstres traitent avec les représentans de la nation d'autorité à autorité ;
leurs émissaires sont au sein du Sénat !

Tous les législateurs glacés d'effroi, sur
leurs siéges, contemplent, sur le fer et
les haillons de ces forcenés en sous-ordre,
le sang, pour ne pas dire les lambeaux
de la chair de leurs amis, de leurs pa-
rens, de leurs anciens collégues, de leurs
prédécesseurs, de leurs bienfaiteurs ! Et
l'autorité dépositaire de la force du peuple ne tonna pas ! Et la foudre nationale
n'éclata pas sur ces égorgeurs mercénaires,
sans leur accorder d'autre délai que le tems
de nommer leurs chefs exécrables ! les voû-
tes du sanctuaire de la loi ne s'écroulê-
rent pas pour les écraser de leur masse,
et couvrir de leurs ruines éternelles les
poignards qui leur ont servi de burin pour
graver l'histoire de la révolution, en signaler les traits sanglans dans les fastes
de la france, et les consigner dans les

archives de tous les peuples de la terre !

Chaque bourreau depuis, a frappé au nom du peuple ; chaque coup de hache s'est annoncé aux cris de *vive la République*; chaque parti s'est dit le Représentant de la nation. Le plus sage a continué à multiplier les lois, dans les instans lucides, le plus audacieux à les vomir dans ses fureurs ; leurs successeurs ont continué à délibérer sur les mêmes siéges sans avoir formellement désavoué aucune époque, ni démenti, ni révoqué une série quelconque de faits et de décrets.

On a vaguement proclamé la fin du *régne de la terreur*. A-t-il existe ? A quelle époque est-il reporté ? Quel en fut le terme ? De qui fut-il le fait ? Les auteurs en ont-ils été légalement punis, authentiquement signalés ? Sont-ils encore puissans ? Ont-ils participé, depuis, aux places, à l'autorité? Ce régne de la terreur est-il tombé sur la terre comme le feu du ciel ? En est-il sorti comme la lave d'un volcan ? A-t-on, au nom de la nation, arraché de la chaîne des tems les jours trop longs de sa durée?

Un chef eut-il pu, avec de nombreuses armées à ses ordres, et des institutions qui maintiennent un esprit de corps dans une nation, donner un pareil résultat à ses fureurs ?

Si le Monarque se permettoit un acte arbitraire contre un seul membre d'un tribunal, toute la compagnie y prenoit part; la hiérarchie toute entiere intervenoit; l'esprit de corps gagnoit, dans l'intérieur, tous les ordres qui tous tenoient à la magistrature : il se ramifioit à l'extérieur, dans toutes les institutions communes avec la france et les autres nations. La volonté nationale se manifestoit, dans une insurrection morale qui ne faisoit pas couler une goutte de sang ; chaque section portoit ses *remontrances* au pied du trône, invoquoit les lois de la monarchie contre le Monarque : l'opinion publique confondant tous les états, constituoit une démocratie raisonnée. La Cour n'étoit plus qu'un parti : et les guerriers qui en environnoient

le chef n'étoient plus considérés que comme
les satellites de Cesar, et non plus comme
les défenseurs de Rome.

Dans l'insurrection armée, le sang coule;
les poignards remplacent les remontrances,
les raisons et les lois : une minorité égorge
au nom du peuple, sans en constater la
volonté, sans en représenter le mandat :
et les révolutions ensanglantées dans toutes les grandes nations n'ont cependant
jamais fait que d'en changer ou en multiplier les chefs. *Si vous n'avez qu'un
chef*, dit Rousseau, *vous êtes à la discrétion d'un maître qui n'a nulle raison
de vous aimer ; si vous en avez plusieurs,
il faut supporter à la fois leur tyrannie
et leurs divisions.*

S'il eut plu à un des dominateurs de la
nation française, dans son *Comité de salut
public*, ou dans son *Directoire*, de livrer
un membre d'un tribunal, ou le tribunal
entier à une commission militaire, pour
l'envoyer à *Sinnamary* ou à la *plaine de
Grenelle*, auroit-on vu toutes les sections

de cette hiérarchie judiciaire venir dépo-
ser au pied du trône décemviral ou Direc-
torial leurs vigoureuses remontrances ? On
auroit vu force pétitions, une foule de
compétiteurs solliciter, dans les bureaux
ou les boudoirs, les places et les traitemens des défunts.

### De l'appel et de la cassation,

Les Tribunaux doivent être considérés ;
et par conséquent constitués dans un Etat
comme des réunions de jurisconsultes nommés et assemblés, par le souverain, ou
par le prince, pour décider, sous la garantie de l'autorité publique, les questions
de droit qui divisent les sujets. Alors, si
celui qui croit avoir à se plaindre d'une
premiere décision peut en appeller à une
autre réunion, comment peut-on donner à
la seconde, le droit injuste de faire pré-
valoir la sienne, uniquement parce qu'elle
est prononcée la derniere ?

Si, dans une question controversée, une
premiere assemblée de jurisconsultes décide

pour l'affirmative, qu'une seconde décide
pour la négative, la question est indécise,
il faut en appeler une troisieme, et borner là tous les dégrés de juridiction, car
il faut que la controverse ait une fin.

Ainsi il faut rejetter le sistême de l'appel, ou admettre un troisième tribunal ;
mais alors le dernier ne doit pas être tribunal d'instruction : il faut que son autorité se réduise à sanctionner l'une ou l'autre décision, sans procédure et sans frais;
ce qui borneroit toujours à deux dégrés
la juridiction dont l'institution seroit d'instruire et de décider la question ; car
les jugemens des deux tribunaux étoient
uniformes, il n'y auroit plus d'appel.

Il est injuste aussi de ne pas donner à
tous les citoyens le même droit d'appeler,
la même quantité de jurisconsultes dans
toutes leurs divisions. Cette distinction d'affaires légères et d'affaires importantes, en
ce qui a rapport aux choses, est en con-
tradiction avec le principe de l'égalité tant
pronée. La béche d'un pere de famille est

aussi précieuse aux yeux de la loi que le wiski d'un freluquet. Un sillon et une charrue sont des choses aussi intéressantes pour l'un qu'un château et un navire pour l'autre. La succession ou la communauté d'un journalier n'est pas, aux yeux de la loi, une matiere plus légère que la succession d'un fournisseur ou la société d'un armateur.

Outre qu'il est contre les principes de l'égalité qu'un tribunal prononce en premier et en dernier ressort, ce droit répugne au systême républicain. Peut-il y avoir sur la terre un individu qui prononce en premier et en dernier ressort ?

Un tribunal d'appel ne décide que les questions déjà décidées dans un autre siége, et donne, sous ce point de vue, l'idée d'une autorité supérieure. Cette exception combinée avec l'infirmité attachée à l'espèce humaine qui porte chaque individu à détruire, à changer, á mutiler tout ce qui sort des mains de son semblable, et avec les dispositions naturelles à tout membre

d'une

d'une société, toujours prêt à lever la verge
sur celui qu'il croit son subordonné ou revêtu
d'une autorité inférieure , fait du droit et
de la facilité de réformer un jugement ,
un abus plutôt qu'un avantage dans cette société.

L'assemblée constituante ne s'étoit-elle
pas raprochée du point de vue sous lequel
doit être considéré l'ordre judiciaire , en
rendant les tribunaux de premiere instance
respectivement tribunaux d'apel les uns des
autres ?

Les législateurs , ou les financiers , qui
ont imaginé l'amende contre l'appelant se
sont autorisés d'une ombre de raison dans
leur théorie. Le but de cette loi est mal
rempli , l'exécution en est ridicule et ab-
surde.

D'abord elle est sans rapport ni avec les
facultés des plaideurs , ni avec l'importance
des affaires ; et, sous ce point de vue ,
elle ne peut être considérée que comme
une exception contre le pauvre en faveur
du riche , et une conséquence du sistême

M

vicieux d'interdire au malheureux l'accès des tribunaux.

D'un autre côté l'amende est une peine pécuniaire ; l'apel est autorisé , indiqué par la loi ; peut-on châtier un individu pour s'être autorisé de la loi ?

Tous les législateurs sont convenus qu'il falloit dans l'ordre judiciaire un tribunal spécial , pour veiller à l'observance des formes et à la juste application de la loi ; mais il faut considérer cette surveillance sous deux raports.

D'abord , sous le raport de l'intérêt particulier , aucun tribunal ne doit avoir le droit de casser des conventions expresses ou tacites dans une instruction , autrement il n'y auroit rien de sûr ; car aussitôt qu'une grande discussion seroit terminée , que toutes les parties se seroient ruinées en frais , le tribunal pourroit les remettre au même état où elles étoient auparavant le premier acte de la procédure.

Et , sous le raport de l'intérêt général , les individus en contestation ne peuvent y être parties. Il ne peut y avoir que le Ministère public d'un côté, et de l'autre des Magistrats inculpés ou accusés ; au cas d'erreur, ils doivent être excusés ou censurés ; au cas de prévarication ils doivent être punis.

### Des Tribunaux spéciaux.

Quand, d'un côté, l'on voit jetter dans les fers ou conduire à l'échafaud cette jeunesse, toutes ces familles qui, sans la révolution, auroient paisiblement subi une autre destinée, et rendu utiles à la patrie leurs travaux et leurs enfans ; que de l'autre, on voit le législateur persuadé qu'il n'est point de réméde plus efficace à employer, pour arrêter le desordre et les résultats de la démoralisation générale, que de rapeler les tribunaux révolutionnaires ou la justice prévôtale, on doit s'en tenir à dire : « qu'ils sont amers ces fruits de la révolution ! » On n'y rencontre pas, il est vrai, la belle théorie des *Jurés* ; mais on n'a point non plus à ·en réprouver la desastreuse et ridicule composition.

M 2

# CONCLUSION.

Qu'ont maintenant à faire ceux qui se chargent de tirer l'ordre judiciaire du cahos révolutionnaire ?

Se garder de croire qu'ils atteindront la perfection ; qu'ils prévoiront tous les cas ; que des Juges, ils en feront des automates qui n'auront qu'à rendre mécaniquement les sons qu'ils entendent en tirer ; qu'ils sont en état de se passer des lumieres de tous les hommes d'expérience répandus dans toute la france. Qu'ils soyent donc persuadés que cette expérience n'est point le talent de discuter, dans une tribune, ou sur le banc des avocats, une de ces grandes questions qu'on rencontre parmi les cent mille qui divisent des millions d'individus, et dont chacune n'en est pas moins intéressante pour la famille qu'elle tient dans l'inquiétude, pour être indifférente au législateur, jurisconsulte ou orateur qui, dans le tourbillon des théories, dédaigne de s'en occuper.

Qu'ils se gardent de croire que l'ordre judiciaire peut recevoir sa perfection, et ne peut la recevoir que dans les cabinets de la capitale. Il faut qu'ils renoncent à cette maxime : « la loi est égale pour tous ; » et même à toute idée de justice distributive, s'ils entendent le subordonner au génie de la finance et le combiner avec les lois fiscales.

Des codes long-tems médités et discutés dans un Conseil d'Etat, dans un Tribunat, dans un Corps législatif, ne régénéreront point encore l'ordre judiciaire si, dans la composition des tribunaux, si, dans le choix des Juges, il n'y a d'autre loi, d'autre régle que la volonté des dépositaires de l'autorité, et si l'intrigue remplace la vénalité.

Qu'ils ne s'assujétissent pas non plus à chercher leurs matériaux dans les observations que chaque individu peut leur communiquer. Chacun a la liberté d'écrire; et, dans une société de trente millions d'hommes, ils peuvent recevoir des milliers de volumes parmi lesquels la vie d'un seul ne permet pas de faire un choix.

*Il est des tems où l'on est condamné à l'ignorance faute de livres ; il en est d'autres où il est difficile de s'instruire parce qu'on en a trop,* disent sagement les auteurs du projet du Code civil.

Effectivement des législateurs ne peuvent pas lire tous les livres qui d'ailleurs ne présentent jamais que des opinions isolées, des volontés partielles, et ce *moi* qui se trouve par-tout, mais que le législateur ne doit laisser appercevoir, ne doit souffrir nulle part.

Plusieurs écrivains publient leurs réflexions sur un nouveau Code, comme si l'essentiel de l'ordre judiciaire étoit de faire un Code : comme s'il étoit bien merveilleux de rédiger un Code ou une Constitution.

Ces écrivains nous remontent toujours aux théories, comme tous les raisonneurs de la révolution : mais il y a assez de théorie. Il seroit à desirer qu'on s'en tint à présent aux maximes simples, et au langage de la multitude. Le style, suivant eux, n'est pas assez soigné. L'un marque ces expressions : *le bon sens, la raison,* ... comme inconvenantes, et intitule un chapitre : *Des véritables principes sur la loi;* l'autre proscrit les mots : *ledit,* .. *icelui,* .. *passé lequel délai,* ... etc. Ne faudroit-il pas au contraire donner aux lois ce langage simple et particulier, seul propre à les graver profondément dans la mémoire? Ne faudroit-il pas, comme les anciens, les mettre en strophes, en vers, en rimes, en jeux de mots ?' *Le mort saisit le vif.....* *qui garde prend quite la rend ;* ... ces expressions, une fois entendues, gravent pour toujours de grands principes dans la mémoire la plus ingrate. Il n'y a pas un praticien qui, sans savoir ni latin ni français, ne dise : *testis unus testis nullus.*

Pour juger de l'importance du talent de ces puristes, il faudroit leur remettre une transaction très-détaillée sur des intérêts compliqués, ou un acte reçu par un officier sur une multitude de questions épineuses, et leur recommander de traduire en style académique toutes ces *déclarations*, ces *stipulations* bien entendues par le vulgaire ; on verroit le Rhéteur, avec ses répétitions, ses circonlocutions, devenir clair, comme l'oracle de la Sybile, donner tort et raison à toutes les parties, et faire d'un chef-d'œuvre d'éloquence la cause de la ruine de dix familles.

Si pendant la révolution on ne s'étoit servi que de ce style simple ; si on n'avoit pas écouté les faiseurs de phrases, il y auroit en france des milliers de bonnes têtes de plus, et des milliers de mauvaises lois de moins. On le répète ; il n'a pu rester en évidence dans la tourmente de la révolution que des ignorants et des brouillons : tout homme sensé étoit condamné à la nullité ou à l'échafaud.

Le Gouvernement et les lois de cette minorité de ligueurs qui, déguisés sous le nom de *sansculottes*, constituèrent l'aristocratie la plus féroce, le gouvernement le plus sanguinaire, ou plutôt proclamèrent,

au nom du Peuple français, la négation
de tout gouvernement, ont démontré à
l'univers que la populace ou la canaille
n'est pas exclusivement propre à faire les
lois ; mais les dépositaires de l'autorité en-
vironnés de la splendeur inséparable du
gouvernement d'une grande nation, séparés
de cette classe nombreuse, industrieuse,
commerçante, laborieuse, indigente, qui
constitue la majorité de cette nation, et pour
laquelle les lois sont particulierement faites, doivent-ils aussi prétendre exclusivement à la formation de la loi ?

Un millionnième de la nation, c'est-à-
dire, une trentaine de français sur trente
millions, conçoivent la loi, la méditent,
la proposent, la discutent, la forment, la
sanctionnent, la promulguent. Ils ont vécu
dans la Capitale ; et la loi cependant est
faite pour ces vingt-neuf autres millions
d'individus qui vivent loin de la Capitale;
dont les mœurs, les usages, les habitudes
n'ont aucun raport avec cette classe fortu-
née de la Capitale ; qui n'ont en partage,

dans la société, que les besoins et les privations inçonnus aux çitadins de la Capitale.

Que les jurisconsultes et praticiens qui
ont la confiance du Gouvernement s'y réu-
nissent ; mais qu'ils s'en tiennent à y jetter
les bases du code civil et du code judiciaire.

Que leurs projets imprimés soyent en-
voyés dans chaque Arrondissement où sera
formé un conseil dès dix à douze meilleurs jurisconsultes ou hommes d'expérience
qui, dans un tems fixé et compétent, fassent leur cahier d'observations et d'articles
proposés.

Que ces cahiers soyent refondus en un
seul, par leurs commissaires, au chef-lieu
de Département, au chef lieu du Tribunal
d'appel, au Conseil d'Etat.

Que la discussion s'ouvre alors, devant
l'autorité constituée pour l'entendre, mais
sur la question de savoir si c'est le vœu
général qui est présenté ; que la majorité

décide uniquement cette question , que le
pouvoir exécutif compte exactement les voix.

Alors on s'occupera sur les lieux de la
division du territoire , de la circonscription
sur-tout dont le ridicule est si frapant qu'on
voit des justiciables obligés de parcourir
trois Départemens pour parvenir , par le
chemin ordinaire , et le plus facile , au
chef-lieu de leur Administration et de leur
Tribunal ; et ce qu'il y a de plus dérisoire
être réduits à traverser des villes , chefs-
lieux d'Administrations et Tribunaux de
Départemens étrangers , sous les murs desquelles ils ont leur domicile , dans lesquelles
ils ont toutes leurs habitudes , leurs relations , pour aller à dix lieues réclamer la
justice ou des secours , comme si on avoit
voulu favoriser , dans ces pointes éloignées ,
la retraite et l'impunité des brigands.

On verra , sur les lieux , que ces bisare-
ries ne subsistent plus que par l'amour
propre de ceux qui eurent intérêt , dans les
tems , de jetter ce desordre dans l'administration de la finance , et de la justice.

On discutera, sur les lieux, les convenances pour le placement, la composition
des tribunaux, le choix et la nomination
des juges, leurs attributions, leur traitement ; car prendre une grande cité pour
le centre de ses conceptions, et de là vouloir mettre une uniformité parfaite sur deux
ou trois cents lieues de territoire, c'est
porter par-tout le caractère de la distinction.

Les frais, les dépenses, les traitemens
ne sont pas les mêmes avec les mêmes sommes, dans l'enceinte et le voisinage de ces
grandes cités où le numéraire abonde, que
dans ces pays disgraciés de la nature, où
une pièce de monnoie est recherchée comme
une médaille antique et rare, et enchas-
sée comme un morceau précieux d'histoire
naturelle.

C'est sur les lieux qu'on voit la difficulté de remplacer des institutions, des
habitudes, des lois sacrées par leur antiquité, dont la destruction peut séduire des
novateurs éloignés des résistances. Ce n'est

que sur les lieux qu'on peut aprécier les difficultés , trouver les moyens de les le- ver, ou de transiger avec elles. C'est sur le lieu où s'exécute la loi qu'on doit en examiner , rédiger , éprouver chaque arti- cle.

C'est dans la refonte de ces premiers cahiers qu'on peut trouver et exprimer l'o- pinion générale qu'il s'agit de sanctionner, convertir en loi , et non pas de maîtriser dans la Capitale.

Ce n'est que ces cahiers à la main , que doit être proposée la loi que tous les légis- lateurs annoncent comme l'expression de la volonté générale.

Comment n'être pas frappé d'étonnement quand on voit que , pendant dix ans de discussions publiques et de parlage , il n'a pas été une fois question de décider, dans la proposition de la loi , si c'étoit la vo- lonté générale ! Et c'étoit l'unique ques- tion à agiter.

On a vu pendant dix années une foule de parleurs , de bavards , de rhéteurs , d'hommes célébres, de grands hommes, discuter, délibérer pêle-mêle, se disputer la tribune, pour démontrer l'excellence de leur proposition ; prétendre, les uns avec leurs talens, les autres avec leurs mena-, ces, la faire adopter comme loi par la majorité d'une minorité de trois ou quatre cents individus, pour la faire subir par trente millions d'absens dont on n'invoquoit ni l'opinion ni la volonté.

Il ne s'agit pas de discuter l'excellence d'un projet, la sublimité d'une concep-, tion; il s'agit de démontrer que c'est la volonté générale, la réclamation de la majorité.

Si la loi est l'expression de la volonté générale, elle ne doit pas être adoptée comme la conception d'un individu. Le lé-, gislateur qui la propose doit s'en tenir à prouver qu'elle est l'expression de la volonté générale. Ce n'est pas avec des talens oratoires, c'est avec des preuves, et ces preuves doivent être dans les cahiers, dans les mains du législateur qui donne sa voix

non pas pour adopter la proposition, parce
qu'il est convaincu qu'elle est excellente ,
encore moins parceque l'auteur est un
homme célébre , mais parce qu'il lui est
démontré qu'elle est l'expression de la volonté generale.

Que les faiseurs de nouvelles lois à qui
il paroît si aisé d'exprimer cette volonté
générale , viennent donc sur les lieux où
s'exécutent leurs volontés partielles ; qu'ils
voyent , qu'ils écoutent deux individus égaux
devant leur loi , également frapés par elle ,
tous deux condamnes à la même peine ,
au même tems de détention. L'un décla-
rera qu'il est prêt à sacrifier sa fortune ,
plutôt que de subir les rigueurs d'un pré-
jugé plus fort que les législateurs et leurs
décrets, plutôt que de se voir trainer dans
les prisons pour vingt-quatre heures , en exécution d'une loi si mal conçue par le législateur , ou si mal entendue par le Magistrat, que le premier goujat peut faire ordonner cette odieuse exécution contre le
citoyen le plus recommandable, avant que

les faits soyent constatés ; et la faire consommer lorsqu'il est évident que la volonté,
l'intention n'ont été pour rien dans un acci-
dent que le législateur imprévoyant a confondu avec un crime , un délit.

Ils verront chaque individu de la société
empressé de contribuer de sa fortune pour
soustraire ce respectable patient aux an-
goisses de la confusion d'être donné en
spectacle par une loi ridicule , tandis que
l'autre individu insensible au même pré-
jugé , rira de la loi et du châtiment , parce
qu'il préfère l'oisiveté d'un mois de prison
à la condamnation de l'amende d'un écu,
dont pas un membre de la même société
ne daigneroit lui avancer le premier franc.

Peut-on entendre , sans frémir , les niveleurs dire paisiblement , après avoir promis
de faire rendre gratuitement la justice , que
la multiplicité des nouveaux droits , la rigueur des nouvelles formes , l'énormité des
nouveaux frais , la bisarrerie des nouvelles lois , sont des remédes contre la manie
de plaider , qu'ils apellent spirituellement

maladie

maladie morale ? N'est-ce pas dire, à peu
près en propres termes, qu'il faut tout
abandonner au premier occupant, tout sou-
mettre à la loi du plus fort, et constituer
le riche l'arbitre souverain des personnes
et dès propriétés de la majorité de la nation ?

C'est cette doctrine épouvantable qui a
suivi de près les promesses faites au peuple de lui faire rendre gratuitement la justice.

Ce sont ces niveleurs qui ont détruit le
peu d'institutions qui nous rapprochoient
tous les uns des autres, sous le niveau de
la véritable égalité qui consiste uniéque-
ment dans l'égale facilité d'obtenir justice.
Ce ne sont pas eux qui ont aboli la noblesse, les parlemens, les priviléges ; mais
ce sont eux qui ont multiplié les lois,
compliqué les opérations, outré les droits,
billebarré la jurisprudence d'après laquelle
le pauvre abandonne sa propriété, n'ayant
pas les facultés nécessaires pour la défendre contre le riche.

N

C'est hors des cabinets qu'on peut se convaincre qne l'ordre judiciaire n'est pas dans la multitude des codes, dans l'excellence de leurs dispositions.

Il n'est pas plus difficile d'écrire que l'homme sera majeur à vingt-un an, que d'écrire qu'il sera majeur à vingt-cinq; que le neveu héritera avec l'oncle, que d'écrire que l'oncle exclura le neveu; que les successions se partageront également, que d'écrire que l'aîné aura un avantage; qu'on ne pourra disposer que du quart, que d'écrire qu'on pourra disposer de moitié de sa proprieté par testament. Mais il n'en sera jamais moins difficile de juger si l'obligation d'un plaideur est antérieure ou postérieure á sa majorité; si une succession a été dépouillée par un parent éloigné; si un pere a indirectement avantagé l'un de ses enfans; si un testateur a éludé la loi; et d'empêcher sur-tout la frivolité des formalités, la multiplicité des incidens, l'éternité de l'instruction, l'énormité des frais.

Il n'en sera pas moins difficile de juger

les contestations sur des marchés mal en=
tendus , sur des conventions embrouillées ,
sur des clauses obscures , sur des écrits
mal rédigés, sur des faits contestés , sur
l'exécution des lois fiscales , sur les faits
de police , sur toutes les difficultés qui
font tous les procès , pour le dénouement
desquelles le premier orateur ou jurisconsulte de la Capitale seroit plus embarassé,
sur un siége , que le moindre praticien du
pays , qui d'ailleurs écriroit, aussi bien que
le docteur en Droit , que la majorité sera
acquise à 21 an ; qui copieroit , aussi cor-
rectement que le membre d'un Comité, la
disposision d'une coutume , l'opinion d'un
auteur , pour en faire une maxime de Droit;
mais qui prévoira mieux les cas qui donneront lieu à toutes les contestations qui se
présentent dans les tribunaux , que l'hómme
célébre par l'éloquence du barreau, par la
discussion d'une affaire importante de substi-
tution , de communauté , de testament , de
donation, de matiere bénéficiale ou féo-
dale , de retrait . *etc.* . où il a dû se con=

vaincre qu'il n'y a point de difficulté sur
le texte de la loi; que toutes naissent de
circonstances imprévues par le législateur
et hors de la prévoyance de tous les docteurs.

Il n'en sera pas moins difficile de garantir une procédure de la proscription
d'un tribunal d'appel; de sauver les fortunes particulieres et la fortune publique
du ravage du mot *nullité*, mis à la disposition de minutieux brouillons, de pré-
somptueux chicanneurs qui ruineroient le
trésor public par morgue, par esprit de
division, pour afficher des connoissances
et censurer des magistrats, plutôt que de
faire réformer de concert la syllabe qui,
suivant eux, vicie une procédure.

Il faut qu'un code soit succinct. Plus les
législateurs croient avoir prévu de circonstances, plus ils ont fourni matiere aux
commentaires, aux incidens. Il faut qu'il
ne contienne que les premieres régles du
droit civil; mais que chaque tribunal re-
cueille celles des questions controversées

devant lui, dont chacune doit faire un point de jurisprudence générale, afin que, toutes présentées collectivement aux législateurs, et chacune décidée séparément, elles forment au code un supplément, et, pour les tribunaux, une autorité plus respectable que l'opinion d'un commentateur; et qu'on ne voye plus ces questions décidées, pour l'affirmative dans un tribunal, pour la négative dans un autre, présenter une bigarrure anarchique qui rappelle le desordre trop long-tems reproché à l'ancien ordre judiciaire.

C'est sur les lieux qu'on sent la nécessité de réglemens locaux pour les frais, pour les dépenses, pour le régime intérieur, pour l'administration particuliere d'une autorité, pour la police surtout, dont l'exercice doit être réglé sur les différences des mœurs et des habitudes qu'il n'est pas dans la puissance du législateur de faire disparoitre.

C'est le public instruit, par une étude particuliere et par une longue expérience de la pârtie de l'administration qu'il s'agit de rétablir ou régénérer, qui doit exclusivement faire les lois qui y sont relatives. Ce sont les guerriers de tous les grades qui doivent faire le code militaire ; les marins de toutes les classes, qui doivent faire un code de marine ; le code civil doit être préparé par les hommes de loi de tous les tribunaux.

On a pu dire : « tout est perdu », quand on a vu le prêtre s'attacher à la partie militaire, le peintre à la diplomatie, le comédien à la marine, le géométre aux finances, le chimiste à l'ordre judiciaire, l'arracheur de dents à la morale et à l'instruction publique, le brigand sortir de la boue et de la prison pour devenir homme d'État.

N'y eut-il eu que des hommes célébres, savans, probes, le mélange des divers genres de connoissances, de talens, d'expérience, la publicité des délibérations, le tumulte des discussions, au milieu de la populace d'une immense cité, auroient fait

des régénérateurs de l'ordre social les cons-
tructeurs de la tour de Babel.

Avec une multitude de codes, d'excel-
lentes lois et de mauvais juges, il n'y a
point de justice dans un Etat. Avec des
juges instruits, intègres, sans codes et
sans lois, la justice est sagement rendue.
Les personnes et les propriétés ont une
garantie sûre dans les lumieres et les vertus de bons Magistrats.

L'ordre judiciaire se constitue particu-
lièrement du mérite et du choix des jurisconsultes qui *discutent* et qui *arbitrent* :
et ce mérite ne consiste pas dans les talens ou le renom d'un membre de l'Insti-
tut ou du Lycée, ou dans le civisme d'un
orateur de Club. *Jean Barth* et *Du Guay-
Trouin* eussent-ils été munis, depuis le 31
*mai*, jusqu'au 9 *thermidor*, des diplomes
de la société des *Jacobins* et des *Cordé-
liers*, eussent-ils été sassés et ressassés au
*scrutin épuratoire*; eussent-ils été prési-
dens de Comités de surveillance, membres
de Tribunaux de Cassation, n'en se-

N 4

roient pas plus propres à prononcer sur les siéges d'un tribunal, à ordonner des *interlocutoires*, des *compulsoires*, á juger le *possessoire*, le *pétitoire*, le *rescindant*, le *rescisoire*. Et les Daguesseau, les Pothier eussent-ils porté la cocarde blanche ou tricolore, pendant toute la révolution, seroient aussi mal placés sur le banc de quart, pour commander la manœuvre et le feu de tribord et de babord.

La restauration de l'ordre judiciaire, comme de l'ordre administratif, ne consiste pas à encombrer de lois toutes les autorités, mais à les déblayer de fonctionnaires neufs, ignorans, ambitieux, viciés du virus révolutionnaire. Elle consiste aussi dans une *épuration nationale* ; mais ce n'est pas dans un club ou dans une cotterie que doit s'épurer une autorité ; c'est dans une assemblée paisible, peu nombreuse de notables, électeurs ou fonctionnaires nommés par le peuple, et toujours à la majorité absolue de tous ceux qui y doivent leurs voix.

Ce seront les hommes et non pas les lois qui toujours gouverneront, administreront, jugeront; alors il faut trouver les hommes, former de bons magistrats, et non pas multiplier les lois.

On ne croit pas que celle du 13 ventose sur les élections conduise à cette importante découverte. On doit la qualifier, comme les autres, *d'expression de la volonté générale*. Elle n'est certainement pas aussi desastreuse que toutes ces lois de *suspects*, d'*ôtages*, de *mis hors la loi*, de terreur et de mort qui nous étoient aussi données comme l'expression de la volonté générale, mais on peut soutenir qu'elle a encore moins d'admirateurs. Une loi atroce peut en trouver dans une minorité de cannibales. Une loi qui favorise l'intrigue sans en assurer le succès; qui, quand elle la rendroit impossible, n'en garantiroit pas d'avantage l'effet de la volonté générale; une loi si compliquée dans ses détails qu'elle est machinalement exécutée sans être familière à la multitude;

une loi qui effraye par les frais d'exécu-, tion , qui ne réunit point les partis, qui ne convient qu'au moins nombreux, dé- plait à une partie de la majorité , et est indiférente à l'autre.

Que celui qui l'a conçue vienne dépouil- ler nos scrutins ; il admirera des listes, des bulletins si artistement calqués , si cor- rectement copiés , si fidélement échangés entre différentes Cités , qu'un individu réu- nit trois ou quatre cents voix dans une contrée où son nom n'a jamais été connu de douze votans : il le verra accolé à d'au- tres candidats dont un très-petit nombre seroient exclusivement nommés par le peu- ple , et ne le seront jamais par le gou- vernement.

Cependant, sans ce concert qu'on nomme intrigue et cabale , cette majorité qui veut un gouvernement stable et humain, dissé- mineroit, sans fruit, les voix des quatre- vingt dix-neuf centièmes de la nation sur une foule de citoyens recommandables, pendant que l'autre centième, ennemi de tout ordre social, réuniroit les siennes sur lui seul, et se donneroit à .coup sûr, cette majorité relative, qui formeroit la liste des candidats de tous les fanatiques du gouvernement révolutionnaire ; et cette loi scrupuleusement observée, avec són imperfection, son exécution ridicule et dispendieuse, sa pluralité rélative, n'auroit d'autre effet que de remettre lès destinées .de la France entre des mains teintes du sang des français.

. Cette 'loi qui doit être l'expression de la volonté genérale et qui a pour but de l'exprimer, répond-elle à sa théorie, lorsqu'une foule de votans représentent le peuple, donnent le suffrage du peuple, et n'ont point été ni délégués ni nommés par le peuple, dans aucune assemblée, dans' aucune série, dans aucùn scrutin du peuple ?

Encore si cette loi avoit son effet pour le choix des juges de paix ! mais ce choix est toujours livré aux intrigues des assemblées élémentaires : et les fonctions de la magistrature les plus intéressantes pour le peuple, la partie la plus essentielle de l'ordre judiciaire sont encore abandonnées à la providence.

Au contraire, cette loi n'a d'aplication, dans cette circonstance si intéressante, que pour sa funeste pluralité relative qui doit nécessairement accoler, placer sur le même siége deux individus des plus signalés dans les partis opposés. Quel étrange procédé pour éteindre le feu de la discorde, que d'en raprocher les tisons sous le souffle violent de l'intrigue, de l'intérêt et de toutes les passions !

Ne faudroit-il pas que ces magistrats reçussent leurs fonctions du suffrage sagement combiné d'une assemblée de notables et d'une assemblée d'hommes de loi ; qu'ils en fussent revêtus pour la vie ? Faut il confondre la hiérarchie judiciaire avec la hiérarchie administrative ? Dans celle-ci, depuis le Ministre jusqu'au copiste d'une administration, tout est commis du gouvernement ; des subordonnés opèrent, des chefs signent ; chaque dégré dépendant du dégré supérieur, chaque individu, soumis à des ordres, à des défenses, à une tâche prescrite, à ses heures de travail, salarié à discrétion, est révocable à volonté. Dans l'ordre judiciaire, le juge de paix opére, prononce lui-même comme le membre du tribunal de cassation ; il doit être instruit comme lui : il n'est dans la dépendance d'aucune autorité, il ne reçoit ni ordre ni défense du gouvernement : il ne doit craindre ni destitution ni déplacement.

Toutes les lois sur la nomination à ces fonctions importantes ont tellement été modifiées, perfectionnées depuis douze ans, que, dans une section du peuple, il se trouve dix hommes de mérite en concurrence, sans que l'un puisse être porté dans une section voisine où le choix ne peut tomber que sur un ignorant ou un fripon.

A quoi ont abouti jusqu'à présent toutes ces lois, tous ces simulacres de souveraineté ? Est-il bien décidé que le peuple

souverain ait eu des Représentans ; que
les novateurs ayent été ses mandataires ;
que ses élus ayent été les proscripteurs ou
les proscrits ? Ont-elles produit d'autre effet
que de mettre en fermentation tous les
partis, toutes les passions ?

N'est-ce pas un crime de leze-société que
de laisser errer devant la multitude ce fantôme qui, comme le feu follet, fuit ou
poursuit l'ignorant, mais irrite son fanatisme et l'acharne à trainer vers le précipice l'homme sensé qui connoit la cause
et voit avec indifférence l'effet de cette
lueur passagère.

Il n'y a qu'un moyen simple de faire
ces choix, ces nominations, ces épurations,
ce triage salutaire. On en a l'expérience
dans les élections de 89. C'est de former
les assemblées élémentaires de sections très-
peu nombreuses en votans ; d'y nommer
les electeurs à la majorité absolue de tous
ceux qui y doivent leurs voix : et ce corps
électoral ainsi formé, ou réduit par le
même procédé, nommeroit les fonction-

naires ou les candidats. Le foyer de l'intrigue se trouveroit rétréci, et la pratique
en seroit presque nulle.

Si ce moyen paroit impraticable ou trop
simple anx législateurs, il faut qu'ils nous
en remettent à la providence et au dis-
cernement d'un seul.

Les destinées de la France ont toujours
été d'être bouleversée par des orateurs, des
philosophes, des savans, des avocats, des
prêtres, des économistes, des brouillons ;
de retomber dans la barbarie à force de
science, dans l'anarchie à force de lois,
et d'être sauvée par un guerrier, par les
miracles d'un seul. La France a déjà éprouvé
que la différence de sexe même n'étoit pas
un obstacle à cette providence.

N'a-t-elle pas vu, dans ses malheurs, une
femme mieux réussir, elle seule, sans éducation, pour le salut de l'Etat, que ses
centaines de législateurs avec leurs milliers de romans ?

Il falloit encore un guerrier pour saisir
les rênes du gouvernement flotantes dans

les mains de partis exténués par la fiévre révolutionnaire, pour les arracher à des usurpateurs qui épouvantoient encore l'Europe par de violentes et funestes saccades, dans les convulsions de leur agonie. Mais il lui falloit, pour les manier à son tour, la vigueur de la jeunesse et une expérience prématurée par une suite rapide d'événemens miraculeux.

Il faut qu'il ait assez d'agilité pour repousser dans la foule l'ambitieux qui s'en est échapé malgré l'opinion publique; pour y contenir le brouillon qui s'y fait signaler par son bavardage et veut fendre la presse avec sa tête remplie de chimères et ses mains pleines de projets; pour en isoler ces lépreux qui ont infecté le corps social par leur funeste attouchement, et ne doivent pas le retoucher du bout du doigt, dans sa convalescence, ou s'ils ne sont eux-mêmes régénérés.

Il ne faut pas non plus oublier les hommes de mérite dans les débris des institutions qu'ils n'ont détruites que parce qu'ils

ont

ont eu la présomption de les remplacer ;
ou qui ont suivi le torrent par foiblesse ou
par peur ; mais il faut qu'ils conviennent
qu'ils ont raisonné comme le morceau de
liége qui croit diriger le flot qui le porte
vers un parage heureux , et ne reconnoit sa
nullité que lorsque battu contre les rochers
il est rejetté dans le précipice ou sur la
vase.

Il ne faut pas vouer à une proscription
éternelle le novateur revenu du prestige
qui l'a séduit : mais il faut neutraliser la
persévérance à toujours détruire , toujours
innover. Ce n'est pas avec les nouvelles
lois, avec ces chefs-d'œuvres de la nouvelle philosophie que chacun des trente
millions de membres de la société sera
mis ,, remis ou conservé dans la place que
lui assigne l'opinion publique.

La france fatiguée de lois , de promesses, de sermens, d'imprécations , d'impos-
tures , de souveraineté , de victoires , de
trophées , demandoit au ciel un Sauveur.
Il falloit que la renommée interrompit le

bruit des exploits de l'un de ses guerriers
pour endormir la discorde au-dedans, la
jalousie au dehors, et aller dans des con-
trées lointaines sonner son rappel. Mais
lorsque la fortune le rendoit, par un miracle, aux vœux d'une nation expirante
sous les pieds du despotisme, la loi desar-
mée par l'anarchie ne pouvoit plus lui remettre son glaive pour contenir le fanatisme politique, le fanatisme religieux, le
fanatisme négatif de tous les cultes, de
toutes les lois, inconnu dans l'histoire de
tous les peuples.

Il falloit qu'il reçut sa massue des mains
de la victoire pour combattre l'hydre et
l'essaim infect qui avoient fait d'un paradis terrestre le marais de Lerne, le lac
de Stymphale. Il falloit qu'il abbatit d'un
seul coup les cinq têtes dont chacune,
arrachée séparément, se reproduisoit, au
bruit de la foudre, de sang et de pros-
criptions. Après avoir défait ce monstre
politique qui vomissoit sur la France le
feu de la guerre civile, sur l'Europe le feu

de la guerre extérieure, qui dévoroit toute
la jeunesse des plus florissans empires de
la terre, qui jonchoit les quatre parties du
monde des cadavres de ses conscrits et de
ses proscrits, il faut espérer que la providence donnera à ce nouvel Hercule,
pour completer ses travaux, le tems de
nétoyer les étables d'Augias.

*F I N.*

A Nogent, chez André, Imprimeur.

O 2

# TABLE.


Page 1. *De l'ordre judiciaire, sa théorie.*

17. *Bureau de Conciliation.*

18. *Loi du 22 Frimaire.*

23. *Ordonnance de 1667.*

24. 194. *Justice de paix.*

27. 76. 111. 124. *Police correctionnelle, instruction criminelle.*

30. 118. *Nullité des procédures.*

33. 72. *Jurés.*

36. *Prisons.*

37. *Commerec.*

39. *Loix Fiscales ou Bursales.*

41. *Dépens.*

42. *Avoués, Huissiers.*

43. *Notaires.*

45. *Écoles de droit.*

45. 191. *Suffrage du Peuple.*

52. 164. *Tribunal de Cassation.*

53. 172. Du Projet du Code civil.

84. Des rapports de l'ordre judiciaire avec toutes les parties qui constituent l'ordre social.

111. De la nouvelle procédure.

127. Des Juges.

142. De l'esprit de Corps.

164. De l'Apel et de la Cassation.

170. Conclusion.

delimitation du Dep.t 177

# ERRATA.

Page 4, ligne 20, *comparé* lisez *comparés.*

10, ligne 6, *simple* lisez *laconique.*

2, *ligne 13,* invoquoient *lisez* citoient.

11, *ligne 17,* que *lisez* que de.

33, *ligne 16,* pour *lisez* par.

34, *ligne 13,* Tous deux *lisez* Tous les partis.

80, *ligne 11,* une *lisez* un.

102, *ligne 20,* des *lisez* de.

119, *ligne dernière,* mis *lisez* omis.

128, *ligne première,* Six *lisez* Dix.

130, *ligne 13,* occupé *lisez* occupée.

153, *ligne 19,* l'univers *lisez* l'Europe.